Norbert Glaab

Der Lebensfreude Kurier

Norbert Glaab

Der Lebensfreude Kurier

Nicht ein anderer Mensch werden, aber vielleicht die Welt neu entdecken!

Bloggingbooks

Impressum / Imprint
Bibliografische Information der Deutschen Nationalbibliothek: Die Deutsche Nationalbibliothek verzeichnet diese Publikation in der Deutschen Nationalbibliografie; detaillierte bibliografische Daten sind im Internet über http://dnb.d-nb.de abrufbar.

Bibliographic information published by the Deutsche Nationalbibliothek: The Deutsche Nationalbibliothek lists this publication in the Deutsche Nationalbibliografie; detailed bibliographic data are available in the Internet at http://dnb.d-nb.de.

Coverbild / Cover image: www.ingimage.com

Verlag / Publisher:
Bloggingbooks
ist ein Imprint der / is a trademark of
AV Akademikerverlag GmbH & Co. KG
Heinrich-Böcking-Str. 6-8, 66121 Saarbrücken, Deutschland / Germany
Email: info@bloggingbooks.de

Herstellung: siehe letzte Seite /
Printed at: see last page
ISBN: 978-3-8417-7053-0

bloggingbooks

Inhalt

Kurz-Biographie

Norbert Glaab ist Berater und Coach.

Er führt Menschen und Unternehmen auf dem unsichtbaren Weg zum Erfolg. Mit „INSIGHT“ mind focusing entdeckte er die Kraft der momentanen Achtsamkeit und konnte erfolgsblockierende Strukturen und Umgebungen noch wirksamer und nachhaltiger auflösen.

Norbert Glaab begann seinen beruflichen Weg in der Industrie und verließ diesen Weg nach mehr als 30 Jahren, um sich aus den begrenzten Strukturen seines Lebens befreien zu können. Im Retreat Center Nava Disa, bei Master Han Shan in Thailand, fand er schließlich den Schlüssel, der die Türen des wahren Lebens öffnete.

Heute ist es seine Berufung, dem Menschen zu helfen, sich innerhalb der Möglichkeiten der Wirklichkeit zu entfalten und zu festigen. Den Menschen begleiten, was in seinem ganz persönlichen Umfeld, mit seiner Familie in Ausübung seiner beruflichen Erfüllung, möglich ist.

Einführung

Wie Sie das Bloggingbook nutzbringend anwenden.

Der Autor kennt keine Zufälle. Nur Dinge die ihm zufallen.
Alle Posts sind aus täglichen Situationen entstanden, mit dem Herzen und nicht mit dem Verstand geschrieben. Alle Posts sind in der „DU“ Form gehalten. Das Herz kennt kein „SIE“.

Somit ist es kein Zufall, dass Sie gerade jetzt „Den Lebensfreude Kurier“ zur Hand haben oder einen Artikel daraus lesen. Lässt der Artikel, den Sic gerade lesen, Sie völlig gefühlsneutral, dann schauen Sie sich doch den vorherigen oder den folgen Post an.

Ein Kurier ist nur ein Überbringer einer Botschaft. Der Nutzen entsteht erst, wenn die Botschaft entpackt, verzehrt und verdaut wurde. Das Lesen des Buches ist genau so, als ob Sie eine Gaststätte besuchen und nur die Speisenkarte lesen. Davon wird man nicht satt. Nur Lesen und nicht das Essen genießen, schafft Frust.

Achten Sie beim Lesen ehrlich auf Ihre Gefühlswelt. Es bekommt ja niemand außer Ihnen mit. Vielleicht erleben Sie Ihre innerliche Zustimmung, dann genießen Sie dieses Empfinden. Vielleicht melden sich auch Ablehnung, Zorn oder andere negativen Gefühle in Ihnen. Wenn dem so ist, dann gehen sie dem Empfinden nach und entdecken den wahren Ursprung.

Bedenken Sie! Sie kennen mich nicht. Ich habe nichts zu Ihnen gesagt. Sie haben nur Worte gelesen, die durch mich geschrieben wurden und in Ihnen einen Auslöser gefunden haben. Die Texte entstanden immer aus einem Impuls. Daher kennt der Text auch kein Lektorat. Jeder Post entsprang einem Moment. Das war zu Beginn, im ersten Jahr des Blogs nicht immer so.

Jetzt lassen Sie sich überraschen, was die Gedanken-Impulse bei Ihnen auslösen. Was heute keinen Impuls bei Ihnen aktiviert, kann morgen schon genau umgekehrt sein. Sie sind MORGEN ein anderer Mensch als HEUTE. Woher sollte sonst die Veränderung kommen? Wenn Sie sich ein 10 Jahre altes Bild von sich selbst anschauen und gleichzeitig in den Spiegel, werden Sie es erkennen.

Die Texte bleiben so lange aktuell, bis es eine grundsätzliche innere Veränderung des Lesers gibt. Selbst dann können sie wieder neue Veränderungen bewirken. Nutzen Sie den Freiraum für persönliche Bemerkungen, Fragen oder Aufgaben, die sich beim Lesen und durcharbeiten stellen. Nur so beginnt nach dem Lesen der Speisekarte auch der Genuss des Essens. Häppchenweise!

Viel Erfolg☺

Nicht zu vergessen, unter

http://lebensfreude-blog.de/

geht es spannend weiter. Sie sind herzlichst eingeladen, sich weitere Anregungen für mehr Lebensfreude und Lebensqualität täglich zu holen. Außerdem finden Sie noch Anregungen, die im Buch nicht veröffentlicht wurden. Machen Sie es sich leicht, machen sie es mit Lebens-Freude. Es ist die stärkste Energie.

Lehrer - Lehre - Schüler für Lebensfreude?

Ist der Beistand eines wahrhaften Lebensfreudigen notwendig?

Ohne einen Lehrer und seinen Beistand, wird niemand wahrhaft frei, Lebensfreude dauerhaft zu empfinden.
Nur jemand, der klar sieht und im perfekten Winkel steht, kann dir den Neumond zeigen.

Wer Schleier vor den Augen hat und am falschen Platz steht, braucht Hilfe und Bestätigung.

Ein Klarsichtiger sagt: „Schau auf meinen Zeigfinger, der auf den Kopf der Krähe im Baumwipfel deutet. Und nun lass deinen Blick über den Finger, die Krähe und alles Sichtbare hinausschweifen und *sieh.*"

Kannst du den Neumond entdecken, solange du dich auf Finger oder Krähenkopf fixierst?

Zeigefinger haben nichts mit dem Mond zu tun, deshalb heißt es, dass du sie ebenfalls ablehnen musst. Häng dein Herz nicht an das deines Lehrers. Wer abhängig wird, hat das Grundlegende ignoriert.

Die meisten Lehrer halten ihre Studenten in einem Abhängigkeitsverhältnis, durch das beide Egos befriedigt werden. Das spirituelle Selbstwertgefühl wird mächtig aufgeblasen, während die Leute den Finger anhimmeln und dem Neumond den Rücken kehren. Nur ein selbstloser Mensch weißt ständig über sich selbst hinaus und verhält sich wie ein unbedeutender Bote, ein Kurier, der nicht festgehalten werden kann. *So die Aussage von Sri H.W.L.Poonja aus einem Tonbandmitschnitt seiner Lehrreden.*

Der Lebensfreude Kurier ist ein Fingerzeig. Halte dich nicht daran fest, versuche darüber hinauszuschauen.

Entstehungsgeschichte - Blog und Bloggingbooks.

Es war am 18.April 2007 als ich ein 2 Tages Workshop zum Thema: „Wie erstelle ich ein Blog in WordPress" besuchte. Damals ging alles gut voran, solange der

Seminarleiter sein geschultes Auge wachsam über alle Tätigkeiten der Teilnehmer hielt.

Stolz trat ich am Ende des Seminars den Nachhauseweg an: Ich hatte ein Blog in WordPress, neuste Technik, und für einen PC-Laien, in einfachster Bedienbarkeit. Da war es noch nicht nötig, einen Gedanken für das Schreiben von Post zu haben. Doch dann war es an der Zeit, mit dem neuen Spielzeug auch zu spielen. Es begann das Posten, bis die erfreuliche Anfrage kam, aus dem Blog ein „bloggingbooks" zu generieren. (FREUDE ☺)

Blog und Autor wandelten sich beim Schreiben.

Der Anfang, das kann ich Ihnen sagen, war…….zäh. Dagegen ist Harz dünnflüssig. Wenigstens hatte ich den Seminar-Leiter und Internet-Fuchs Frank als Ansprechpartner in der Nachbetreuung. (*Übrigens, auch wenn Sie heute einen Neubeginn in der WWW-Welt starten, empfehle ich Ihnen so einen Dienstleister wie Frank sich an Ihre Seite zu holen. Er weiß was Leisten von Diensten bedeutet. Sie dürfen mich gerne dazu befragen.*)

Nach ein paar Monaten meines zähen Ringens mit jedem Post, sagt mir mein Dienstleister: „*Das ist DEIN BLOG! Betrachte es wie dein Wohnzimmer. Da kommen Menschen die dich mögen, oder das, was du da schreibst. Und du gibst ihnen was du hast. Etwas anderes geht sowie so nicht!"*

Da ist der Konten geplatzt. Ich wandelte mich, das Blog wandelte sich. Die Leserzahl stieg erfreulich an und die Verlinkung zur Bloggemeinde nahm ihren erfreulichen Lauf. Eines ist unverändert geblieben, die Absicht in mir; wenn die Botschaft auch nur einen Menschen pro Tag erreicht, der seine Lebenssituation damit auch nur gering verbessern kann, dann hat sich der Post schon gelohnt. Denn es sind dann schon zwei tolle Ereignisse: Ich hatte einen Lebensimpuls der durch mich geschrieben wurde und einem anderen Menschen zum Denken angeregt hat. Das wünsche ich mir auch bei diesem Buch. Das wünsche ich jedem Leser und natürlich jeder Leserin. (Bei all meinen Anreden beziehe ich immer das Männliche und Weibliche mit ein.)

Januar   Lebensqualität – Freiheit

01.-10. Januar   Grenzenlose Freiheit.

Das einzige was ich mir wünsche, ist, frei zu sein!

Ist dir der Gedanke bekannt?

Dazu musst du zwei Dinge wissen:

Wovon willst du frei sein?

Und

Was hält dich gefangen?

Prüfe es für DICH!

Aber ich habe doch die Freiheit, mir Grenzen zu setzen!

Zuerst musst du frei sein. Um in der Welt frei zu sein, musst du frei von der Welt sein. Denn sonst entscheidet deine Vergangenheit für dich und deine Zukunft. Du bist gefangen zwischen dem, was geschah, und dem, was geschehen muss. Nenne es Bestimmung oder Karma, doch niemals Freiheit. Kehre zu deinem wahren Sein zurück, und dann handelt aus dem Herzen der Liebe.

Manifest- Unmanifest

Was ist der Ausdruck des Unmanifestierten im Manifestierten? Es gibt keinen. In dem Moment, indem du anfängst, nach dem Ausdruck des Unmanifestierten zu schauen, löst sich das Manifestierte auf. Wenn du versuchst, das Unmanifestierte mit dem Verstand zu erfassen, gehst du augenblicklich über den Verstand hinaus.

Wenn du einen See betrachtest, hast du kein Wasser in deinen Gedanken.

Betrachtest du einen Stein, hast du keinen Fels in deinem Kopf.

Du hast als Kind gelernt, dass man zu einem Stück bearbeiteten Holz, Brett sagt. Hättest du gelernt, das Holzbrett Eisenstange zu nennen, dann würde in deinen Gedanken das Brett heute das Etikett, Eisenstange tragen.

Das hört sich jetzt bestimmt komisch für dich an. Doch so lernt der Mensch und nennt es Wissen.

Gut ist, dass wir für unsere Kommunikation Begriffe/Etiketten haben. Das macht das Leben wesentlich leichter und einfacher.

Bedenke, es sind Etiketten, die wir beim Lernen mit Emotionen bestückt haben. Auf die gleiche Art, wenn auch ein wenig aufwendiger, kommen wir den emotionalen Begriffen, wie Wut, Zorn, Hass, Neid, Ärger, auf die Spur.

Grenzenlose Freiheit verbirgt sich hinter diesem Erkennen.

Freiheit wird erreicht, wenn im Menschen diese Erkenntnis reift und in ihm realisiert wird.

Verlangen führt zu Abhängigkeit.

Einsicht führt zu Freiheit.

Glück ist ein Gefühl und Unmanifest.

Wenn dein Glück von etwas abhängt, ruiniert es dich!

Das war eines meiner wichtigsten Erkenntnisse!

11.-20. Januar Freier Wille?

Heute gibt es etwas zum Grübeln, zu Minden (nicht die Stadt in Nordrhein-Westfalen, wie es Werner Ablass zu sagen pflegt) sondern das was der Mind tut.

Gibt es einen freien Willen?

Bin ich frei zu wünschen?

In der östlichen Weltanschauung gibt es die Idee des freien Willens nicht. Du bist dort gezwungen zu wünschen. Es gibt noch nicht einmal ein Wort für freien Willen.

Wille bedeutet dort Verpflichtung, Festlegung, Bindung.

Habe ich die Freiheit mir Grenzen zu setzen?

Wie ist dein Empfinden dabei?

Hast du in dir generiertes Wissen dazu?

Glaubst du, dass du es weißt?

Wirkliches tiefes Wissen kann nur über die eigene Erfahrung wachsen. Jeder kann, mit ein wenig Anleitung diese Aussage selber überprüfen!

Dazu musst du erst frei sein.

Um in der Welt frei zu sein, musst du frei von der Welt sein. Sonst entscheidet deine Vergangenheit über dich und deine Zukunft. Du bist gefangen zwischen dem, was geschah, und dem, was geschehen muss. Du kannst es Bestimmung nennen oder in der östlichen Denkweise auch Karma (Aktion), doch niemals Freiheit.

Kehre zu deinem wahren SEIN zurück, und dann handelst du aus deinem Herzen der Liebe.

Da eröffnet sich *eine weitere Frage,* was der Ausdruck des Unmanifestierten im Manifestierten ist?

Eine Aussage von Maharaj:

Es gibt keinen.

In dem Moment, indem du anfängst, nach dem Ausdruck des Unmanifestierten zu schauen, löst sich das Manifestierte auf. Wenn du versuchst, das Unmanifestierte mit dem Verstand zu erfassen, gehst du augenblicklich über den Verstand hinaus.

Wenn du mit einem Stück Holz im Feuer stocherst, verbrennst du das Holz. Benutze den Verstand (Mind) um das Manifestierte zu untersuchen.

Sei wie ein Küken, das an der Eierschale pickt. Über das Leben außerhalb des Eies zu spekulieren ist sinnlos, doch an der Eierschale zu picken, bricht das Ei auf und befreit das Küken.

Breche genauso den Verstand von innen auf, indem du seine Widersprüche und Absurditäten untersuchst und aufdeckst. Du erkennst dann, dass das Unmanifestierte das Verlangen ist, die Eierschale aufzubrechen.

„INSIGHT“ mind focusing* ist die Methode, das Werkzeug, die Eierschale zu knacken.

Glaube es mir nicht. Prüfe es selbst. Nur dann kannst du wissen. Meist braucht es etwas mehr als einen Tag.

**INSIGHT“ mind focusing – Erklärung vor dem Schlusswort*

21.-31. Januar Irgendwann merkst Du: Geist ist unschlagbar.

Unser Geist kann so schnell in seinen eigenen Projektionen stecken bleiben.

Zu verstehen, wie wir dafür gesorgt haben, dass wir feststecken, kann den Unterschied zwischen geistiger Gefangenschaft und geistiger Freiheit ausmachen.

Eine solche zwanghafte Identifikation unterscheidet sich eigentlich nicht so sehr von Geisteskrankheit, und sie kann tatsächlich zu recht schlimmen geistigen Störungen führen. Wenn unser Geist sich zwanghaft mit bestimmten Gedanken oder Gefühlen identifiziert, dann wird er süchtig danach. In solchen Phasen ist die Fähigkeit, sich von den Gedanken oder Gefühlen zu lösen, nicht vorhanden. So wird unserem Geist nicht der Schutz der Achtsamkeit gewährt.

Wir werden in einen Strudel aus Gedanken und Emotionen hineingeschwemmt, ohne dass wir in diesem Zustand einen Ort der Ruhe oder Gedanken finden.

Identifikation kann auch unsere Kommunikation mit anderen behindern. Wir identifizieren uns mit einem Standpunkt, und das führt zu Wut, Abwehr oder Aggression bei der Kommunikation. Das Problem liegt nicht in dem Inhalt dessen, was wir sagen, sondern dem Gefühl starker Identifikation mit dem Inhalt.

Wenn wenig Achtsamkeit, aber starke Anhaftung vorhanden ist, dann erzeugt die Identifikation mit unseren jeweiligen Meinungen Polarität.

Die Kraft des Geistes

Die Kraft des Geistes ist enorm. Ihn zu kultivieren, erfordert die „Gegenwart" (nicht Vergangenheit oder Zukunft) des Geistes. Oder wie der Volksmund es ausdrückt: „Er ist Geistesgegenwärtig"!
Durch das praktizieren der Achtsamkeit, bewegt sich der Geist aus der Konditionierung – der Vergangenheit – und wird zum Diener deiner Gegenwart.
Das ist dir Tür zum wahren Glück.

Die Indische Meditationslehrerin Dipa Ma hat in jeder seiner befindlichen Lebenssituationen, ob zu den Menschen, zu den Tieren, Flugzeuge oder Busse den Segenswunsch gesprochen:
Sei glücklich, sei glücklich!

Jeder weiß, dass das, was ich zu anderen sage und denke, immer auch mich betrifft!

Denke dich glücklich!

Februar Entwicklung statt Verwicklung

01.-10. Februar Bist du schon wach?

Heute gebe ich doch gerne einen kleinen aber feinen Hinweis, wie du deine Lebensfreude ENT-WICKELST.

Erwacht das Verstehen, gibt es keinen Kampf.

Verstehen bedeutet die Abwesenheit von Erwartungen.

Es bedeutet zu akzeptieren, was immer kommen mag.

Wenn Erwartungen und Begehren abfallen, dann bist du der Natur gegenüber offen. Lass den Dingen ihren freien Lauf. Mit diesem Verständnis nehmen die Dinge einen überraschend fließenden, einfachen Verlauf.

Versuchen wir es an einem Beispiel.

Wann fängst du an, dich zu wundern, wer da atmet?

Nur dann, wenn mit deinem Atem etwas nicht stimmt! Dann bist du dir deines Atems bewusst.

Mit deiner Verdauung stimmt etwas nicht?

In dem Moment wirst du dir deiner Verdauung bewusst!

Das Nervensystem, das komplexeste System, das man sich vorstellen kann, das Verdauungssystem und das Atmungssystem, sie alle funktionieren von ganz alleine.

Man könnte sagen, dass man sich all dieser Prozesse nicht bewusst ist, bis etwas nicht mehr richtig funktioniert.

Beantworte dir diese Frage:

Warum bist du dir der Probleme des Lebens so sehr bewusst?

Weil etwas mit dem Leben ganz fundamental falsch läuft!!

Würde das Leben auf natürliche Weise funktionieren, wie das sanfte Arbeiten des Atmungs- und Verdauungssystems, wäre das Leben frei von Problemen.

Doch das Leben ist voller Probleme, weil du nicht natürlich lebst.

Du lebst dein Leben nicht spontan.

Du lebst dein Leben vom Standpunkt des „Ich", und daher gibt es Probleme.

Zu DEINER Entlastung!

Es ist niemandes Fehler, niemand ist schuldig. Das Bewusstsein selbst hat sich mit jedem einzelnen Körper-Verstand-Mechanismus identifiziert, damit sich dieser Körper-Verstand, widerrechtlich die Subjektivität des Bewusstseins, der Totalität oder wenn es dir lieber ist Gott, aneignen kann, und damit beginnt der ganze Spaß dieser Show.

Das ist zu verstehen! Dann bist du wach!

Das braucht jetzt niemand zu glauben, überprüfe es selbst. Hilfe oder Anleitung gebe ich gerne.

Verstehen,

dass Leben ist wie es ist.

Verstehen,

dass Leben nicht anders sein kann, als es ist.

Verstehen,

dass niemand anders sein kann, als er ist.

Verstehen,

dass Leben nicht anders sein muss, als es ist.

Leben ist!

Jetzt bist du wach!

11.-20. Februar Wissen versus Glauben.

Prüfe jede Aussage durch Beobachten.

Sinngemäß eine Aussage von *Siddhartha Gautama*:

- *Glaube niemals an etwas, nur weil du es gehört hast.*
- *Glaube niemals an etwas, das in heiligen Büchern geschrieben steht und weil viele es wiederholt haben.*
- *Glaube niemals an etwas, das weise Männer, Lehrer und deine Vorfahren dir als wahr beschrieben.*
- *Glaube niemals an etwas, denn es galt für andere Generationen.*
- *Doch wenn du nach aller Beobachtung und Prüfung etwas gefunden hast, das dir als wahr gilt und das Gute in deinem gesamten Umfeld und darüber hinaus unterstützt, dann nimm es an und handele danach.*

Prüfe jede Methode, ob sie dir JETZT hilfreich ist.
Nur wenn sie dir jetzt hilft und du mit dieser Methode alles bei dir hast, dann nutzt sie dir.

Pures Wissen braucht keinen Glauben.

21.-28. Februar Was bedeutet „ganz sein"?

Es heißt, dass wir bereit sein müssen, das aufzunehmen, das in uns zu erkennen, was immer *„auch das Andere ist"*, als nur jede unserer begrenzten Ideen.

Es bedeutet zu wissen, dass, wenn wir das Positive betonen, wir gleichzeitig das Negative erschaffen. Wenn wir das Wissen zum Ideal erheben, müssen wir uns mit der Unwissenheit herumschlagen, die gerade anders ist, als das Wissen.

Das, was wir abgelehnt haben, können wir nicht beherrschen. Somit wird es unserer Aufmerksamkeit aufgezwungen, ob wir das mögen oder nicht. Wenn wir jedoch dauernd offen und widerstandlos gegenüber solchem Negativen bleiben, sind wir nicht gezwungen, lange mit ihm zu leben.

Wenn wir zugeben, dass Hässlichkeit immer ins steckt, sind wir frei, Schönheit zu erschaffen.

Wenn wir wissen, dass Dummheit immer in uns steckt, sind wir frei, der Einsicht den Vorzug zu geben.

Liebe ist deshalb die höchste Form und heilende Handlung, weil sie immer das in sich enthält, was nicht Liebe ist. Sie ist immer in Bewegung, um das nicht-liebende einzuschließen.

Die Suche nach der Ursache-Wirkung-Kette lässt nur das Hin-und-Herschwingen sich wandelnder Voraussetzungen zu Tage treten.

Wir versuchen damit Pendel zu sein, das bloß auf eine Seite schwingt. In der dualen Welt nicht möglich.

Was jedoch möglich ist, zu lieben was ist.

Das bedeutet *„ganz sein"*!

März Werte – Wirkung

01.-10. März Die Energie von Geben und Nehmen.

Saibath ist der Augenblick am Morgen, wenn Bettelmönche sich auf den Weg machen, und den Menschen im Lande die Möglichkeit zu gewähren, etwas Gutes für ihr Karma zu tun.

Der Mönch ist in Thailand kein Bettler im unserem Sinne. Er eröffnet nur eine Möglichkeit des Gebens. Denn alles was Du tust, tust Du am Ende ja für Dich.

Diesen sehr beeindruckenden Augenblick haben wir im Retreat-Center am tags zuvor gut vorbereitet und liebevoll kleine Geschenkpäckchen mit allerlei Leckereichen gefüllt.

Dazu muss man wissen, dass Mönche, nicht alles was sie erbetteln, für sich behalten, sondern auch Waisenkinder im Tempel damit versorgen.

Der Mönch darf bei seiner Bettelrunde (Saibath) keine Wünsche äußern und keine Gabe ablehnen.

Ob er nun ein Bonbon erhält, ihm jemand Medikamente, Reis, Obst, Geld oder etwas Gebratenes in seine Bettelschale legt, er muss es ohne Worte und Blicke nur annehmen.

Derjenige, der etwas gibt hat die Energie des Gebens, die unter keinen Umständen abgewertet werden darf. Der Bettelmönch hat die Energie des Annehmens, die ebenso wenig unterbrochen werden darf.

Geben und Nehmen im Einklang, das gilt es zu verstehen. Bei einem solchen Ritual, wird es einem sehr viel deutlicher bewusst, als wenn es nur so hört.

Nach dem die Bettelschalen gefüllt sind, gibt man den Mönchen die Gelegenheit für dich zu Chanten. Dazu geht man in die Knie und faltet die Hände zum Zeichen des Dankes.

Chanten ist das Singen eines Mantras in der Ursprache – Bali. Jedem wird Gesundheit, Glück und Erfolg dabei übermittelt.

Geben und Nehmen , der Wert des Energieflusses.

11.-20. März **Anhaften oder lösen?**

Vorab eine kurze Erzählung

Zwei Mönche*

Zwei Mönche waren auf der Wanderschaft. Eines Tages kamen sie an einen Fluss.

Dort stand eine junge Frau mit wunderschönen Kleidern. Offenbar wollte sie über den Fluss, doch da das Wasser sehr tief war, konnte sie den Fluss nicht durchqueren, ohne ihre Kleider zu beschädigen.

Ohne zu zögern ging einer der Mönche auf die Frau zu, hob sie auf seine Schultern und watete mit ihr durch das Wasser. Auf der anderen Flussseite setzte er sie trocken ab.

Nachdem der andere Mönch auch durch den Fluss gewatet war, setzten die beiden ihre Wanderung fort.

Nach etwa einer Stunde fing der eine Mönch an, den anderen zu kritisieren: " Du weißt schon, dass das, was du getan hast, nicht richtig war, nicht wahr? Du weißt, wir dürfen keinen nahen Kontakt mit Frauen haben. Wie konntest du nur gegen diese Regel verstoßen?"

Der Mönch, der die Frau durch den Fluss getragen hatte, hörte sich die Vorwürfe des anderen ruhig an. Dann antwortete er: "Ich habe die Frau vor einer Stunde am Fluss abgesetzt – warum trägst du sie immer noch mit dir herum?" (frei nacherzählt, The Wisdom of Zen Masters)

Diese Geschichte gibt deutlich wieder, was mit Anhaften von Gedanken zu verstehen ist. Längst ist eine Situation beendet, und wir haften der Dinge immer noch an. Noch heftiger wird es, wenn wir diese vergangenen Situationen in die Zukunft projizieren. Das sind unsere Sorgen.

Dieses Anhaften der Gedanken, lässt eine Beobachtung ohne Bewertung nicht mehr zu. Wir haben uns viele solcher Situationen in unserem Leben geschaffen. Das erzeugt Leid.

Es ist an der Zeit, sich vom Leid zu lösen.

Hat es einen Wert für Dich, sich aus dem Leid zu lösen?

21.-31. März Der verlorene Schlüssel.

Eine Gruppe von Leuten stieß eines späten Abends auf Nasruddin Mullah als er auf seinen Händen und Knien unter einer Straßenlaterne herumkroch.
„Was suchst Du?" fragten sie ihn. *„Ich habe die Schlüssel zu meinem Haus verloren",* antwortete er. Alle gingen Sie auf die Knie, um ihm bei der Suche zu helfen, aber nach einer Zeit ohne irgendetwas zu finden fragte ihn jemand, wo er die Schlüssel ursprünglich verloren hatte. *„Da drüben, irgendwo im Dunklen,* " antwortete Nasruddin.

Einer fragte: *„Warum suchst Du dann hier bei der Laterne?"*
„Weil hier mehr Licht ist, " antwortete Nasruddin.[**]

Bei Problemen ziehen wir es meistens ebenfalls vor, auf beleuchtetem Gebiet nach der Lösung zu suchen. Probleme im Business ist der Ort der Beleuchtung, an dem wir glauben, das zu finden was wir nicht haben, nur weil hier das Licht am hellsten scheint. Doch der wirkende Fundort liegt fast in den meisten Fällen, an einem sehr dunklen Ort. Systemisch besteht hier eine der besten Möglichkeiten, den wirkenden Ort zu finden, an dem der Hemmschuh, Hindernis oder Blockade zu finden ist. Das Gute daran ist, die Lösung liegt in uns selbst. Nur was wir erkennen, können wir verändern. Wenn dir dein Hindernis erst einmal bewusst ist, ist es keines mehr. Wie man sich unbemerkt eine Lebenslüge einfängt, kann ich ab heute sehr gut beantworten. Dazu musste ich erkennen, dass es so ist. Und dass es so ist, spürt man an den auftreten Emotionen.

Hat es einen Wert, mit deiner kostbaren Zeit am falschen Ort zu suchen?

April Lebenskunst – Glück

01.-10. April Glücks-Killer.

Zufriedenheit und Wohlbefinden sind Grundmuster des wahren Glückes.
Leid ist der eigentliche Killer.

Immer wieder ist der Satz zu hören: *„Ich habe verstanden worum es geht!"*

Ist dies so?

Kennst du das auch?

Verstehen wird nicht daran erkannt, dass ich verstehe, sondern, dass ich nicht mehr leide.

Es sind Gegensatzpaare. Wer versteht leidet nicht. (*Leid ist die künstliche Verlängerung des Schmerzes).*

Verstehen bedeutet, die beiden Möglichkeiten des Verstandes erkannt zu haben.

Den arbeitenden Verstand und den denkenden Verstand. Der arbeitende Verstand kümmert sich nur darum, die Arbeit zu erledigen. Der denkende Verstand kümmert sich um die Konsequenzen in der Zukunft.

Das ist der große Unterschied. Es liegt in der Natur des Verstandes, den arbeitenden Verstand zu unterbrechen.

Der denkende Verstand ist das Ego (ICH). Der arbeitende Verstand ist nicht das Ego.

Leid ist kein Schmerz.

Schmerz wird beispielsweise durch einen (herben) Verlust ausgelöst. Leiden dagegen entsteht durch den Bezug auf eine Person, die sich für den Dreh- und Angelpunkt der Welt hält.

Verstehe den Verstand und du eliminierst den Glücks-Killer.

11.-20. April Glück oder Vergnügen?

Was ist der Unterschied zwischen Glück und Vergnügen?

Vergnügen ist abhängig von Dingen… Glück nicht.

Wenn das Glück unabhängig ist, warum sind wir dann nicht immer glücklich? Solange wir glauben, dass wir Dinge brauchen um glücklich zu sein, werden wir auch glauben, dass wir in der Abwesenheit der Dinge unglücklich sein müssen.

Der Verstand formt sich immer entsprechend seinen eigenen Überzeugungen. Daher ist es wichtig, sich selbst zu überzeugen, dass man nicht in das Glücklich Sein getrieben werden muss.

Ganz im Gegenteil:

Vergnügen ist eine nutzlose Ablenkung, denn es verstärkt die falsche Überzeugung, dass man Dinge braucht und tun muss um glücklich zu sein, wenn es in Wirklichkeit genau umgekehrt ist.

Doch warum überhaupt über das Glück reden?

Du denkst doch nur an Glück, wenn du unglücklich bist.

Ein Mensch der sagt, jetzt bin ich glücklich, ist zwischen zwei Unglücken… *Vergangenheit und Zukunft.*

Dieses Glück ist doch nur eine freudige Erregung über die Erleichterung von Schmerz oder Leid.

Wirkliches Glück ist sich seiner selbst ganz und gar unbewusst. Es wird am besten negativ ausgedrückt, wie zum Beispiel: *„Mit mir ist nichts falsch"*, *„Ich brauche mir um nichts Sorgen zu machen"*.

Genieße *DEIN „SEIN"*, dann empfindest du *GLÜCKLICHES SEIN!*

21.-30. April **Hurra! Ich bin Ent -Täuscht!**

Ich dachte, mein Auto bringt mir Erfüllung.

Ich ging davon aus, mein Haus bringt mir Erfüllung.

Ich nahm an, meine Kleider machen mich zufrieden.

Ich stellte mir vor, dass...............

So hätte ich es nicht erwartet.

Von diesem Menschen hätte ich das nicht erwartet.

Kennst Du das auch??

Immer hatten meine Gedanken neue Nahrung, bis der jeweilige Gegenstand oder das neue Ding in meinem Besitz waren, und wieder keine Erfüllung sich einstellte, nur kurzeitige Zufriedenheit.

Wunsch ist Punsch; und benebelt!

Die Suche an der Oberfläche brachten immer nur oberflächliche Ergebnisse. Bis zu dem Zeitpunkt, als ich erkannte, dass sogar Gedanken gegenständlich sind.
Bis der Punkt kam, das Räumliche zu erkennen, und mir zeigte, dass es ein gegenständliches *„Ich"* gibt und ein räumliches *„Ich"* vorhanden ist... du brauchst es nicht zu suchen, es schon vorhanden. Das räumliche *"Ich"* ist hinter der Pforte von Konditionierungen und Desinformationen versteckt. Einmal erkannt, stellte sich das Ende der Täuschung ein.

Viele Menschen glauben, Enttäuschung sei negativ. Es ist genau umgekehrt...ist die Täuschung zu ende, kommt die Klarheit zum Ausdruck. Wird das eigene Erleben zweifelsfrei.

Wenn das räumliche *„Ich"* erkannt ist, macht das gegenständliche *„Ich"* keine Probleme mehr. Ein Verzicht auf irgendwelche Dinge ist dabei nicht erforderlich.

Es fühlt sich so an, als ob man sich über sein Denken erhebt. „*Hat nichts mit abheben zu tun"*, ganz im Gegenteil, man spürt wieder den Boden unter den Füßen, weil das Leben vom Kopf auf die Füße gestellt wird.

Der gegenwärtige Augenblick wird zu deinem Freund. Freude wird zu deiner Grundstimmung. Jede Tätigkeit wird dann in der Frequenz der Freude ausgeführt.

Das ist Ent-Täuscht sein!

Mai Motivation – Motiv…Verlangen

01.-10. Mai Zu Affen sagt keiner nein.

In einer buddhistischen Schrift finden wir eine Geschichte über einen Affen, der glücklich und frei in einem Wald im Hochgebirge lebte.

Eines Tages wurde er neugierig darauf, wie es wohl in den Ebenen sein mochte. Also machte er sich auf, um sich dort umzuschauen.

Ein paar Jäger hatten einen Teerfalle ausgelegt, und der Affe, der so etwas nicht kannte, griff mit der Hand in den Teer und blieb daran kleben. Weil er sich nicht befreien konnte, griff er auch mit der anderen Hand an den Teer, um die erste herauszuziehen. Doch nun saßen beide Hände fest. Dann versuchte er, sich zuerst mit einem Fuß vom Teer wegzudrücken. Als dieser ebenfalls festklebte, mit dem anderen. Schließlich steckte er auch noch den Kopf in den Teer, um Hände und Füße zu befreien. Es führte dazu, dass er nun endgültig festsaß. (Sinngemäße Wiedergabe)

Sind wir Menschen immer noch Affen?

Mit unserem Begehren…Verlangen.. ist es wie in der Geschichte angedeutet. Etwas bereitet uns Vergnügen, deshalb greifen wir danach. Wenn es sich verändert, verspüren wir einen Mangel. Deshalb greifen wir erneut danach oder suchen nach einer anderen Quelle augenblicklicher Befriedigung. Wir greifen wieder nach einer anderen Quelle, der Lust, dann nach der nächsten und so immer weiter, bis uns die Tendenz unseres Geistes, zu greifen und zu begehren, völlig gefangen hält.

Wir sitzen fest durch die Macht unserer Begierde.

Unser Begehren bezieht sich aber nicht nur auf die Befriedigung unserer Wünsche, sondern auch auf die geistigen Gewohnheiten des Wollens selbst.

Mit dem Begehren kann man jedoch auch völlig anders umgehen. Eine Möglichkeit bei der wir wesentlich Freiheit behalten. Es ist die sanfte Disziplin des ruhigen Abstandnehmens.

Genau das ist die Absicht von Auszeiten und Retreats.

Sage *„JA"* zu dir selbst, auch wenn andere *"Nein"* zu dir sagen.

11.-20. Mai Meditation! Alles nur Hokuspokus? ODER?

Meditation ist ein Zustand dcr Bewusstheit, des Gewahrseins, der Achtsamkeit.

Die einzige Methode, Menschen zu Maschinen zu machen, besteht darin, ihnen ihre Bewusstheit zu nehmen und sie zu zwingen, unbewusst zu funktionieren. Genau das Gegenteil ist der Weg der Meditation. Sie gibt dem Menschen seine Bewusstheit wieder.

Jedes Kind wird als bewusstes Wesen geboren. Doch dann nehmen wir ihm seine Bewusstheit und geben ihm stattdessen einen armseligen Ersatz. Wir nehmen ihm seine wahre Identität und geben ihm falsche Ideale: *„Du bist dies, du bist jenes…,"*bis es sich mit seinem Umfeld identifiziert. Dann versucht das Kind, nach bestem Wissen, diese Ideale zu leben. Das Leben beginnt seinen (gefärbten) Lauf. Aus diesem Schlaf kann man aufwachen, wenn man es wirklich möchte.

Meditation
ist ein Prozess, der deine Roboterhaftigkeit (Gewohnheiten) in Bewusstheit umwandelt, der das mechanisierte Verhalten in Achtsamkeit wandelt. Meditation lässt sich definieren als eine wissenschaftliche Methode zur Ent-Automatisierung. Wir sind alle automatisch geworden. Wir funktionieren wie Maschinen. Man drückt ein Knöpfchen hier, ein Knöpfchen da, und schon läuft das Ganze.
Manchmal geht der Treibstoff aus oder die Knöpfe kommen durcheinander oder ein Draht wird lose. Dann sagen wir, jemand sei verrückt geworden, und wir bringen ihn in die Werkstatt, die wir <*Krankenhaus* > oder <*Nervenklinik*> nennen.
Dort geben wir ihm Elektroschocks, um ihn durchzuschütteln, und hoffen, dass ein bisschen Durschütteln die Drähte wieder an den richtigen Platz bringen, Das bedeutet, man hofft auf das Beste und erwartet das Schlimmste, denn es ist reiner Zufall. Und manchmal klappt es auch. Ein guter Schock kann die Dinge wieder in

Ordnung bringen. Aber manchmal klappt es auch nicht.
Es beruht alles auf dem Ansatz der modernen Psychologie. Neunzig Prozent davon basiert auf der Vorstellung, dass der Mensch wie eine Maschine funktioniert.

Meditation
ist die einzige Methode, um dir eine Erfahrung davon zu geben, dass du keine Maschine bist, einen Vorgeschmack, dass du mehr bist, sehr viel mehr. In dem Augenblick, in dem du diesen Vorgeschmack bekommst, öffnet sich das Fenster. Zum ersten Mal kommt frischer Wind herein, dein Leben wird ekstatisch.

Meditation
bedeutet nichts anderes, als das Unbewusste mit dem Bewussten zu verbinden, damit dein eigenes Wesen dir Hinweise geben kann, in welche Richtung du dich am besten bewegst, um voranzukommen, ohne einen Führer zu brauchen...damit du dein eigener Führer wirst, damit du zu deinem eigenen Lichtleiter wirst.

21.-31. Mai Energieumkehr nach innen.

Energie nicht nur nach außen abstrahlen, sondern umkehren und nach innen zu richten das ist möglich. Darauf beruht die ganze Wissenschaft der Konzentrationstechnik.

Beschreibung:

Versuche einfach einmal folgendes kleines Experiment, wenn du irgendwann vor dem Spiegel stehst:

Du schaust in den Spiegel, du siehst dein eigenes Gesicht, deine eigenen Augen im Spiegel.... Das ist Extrovertiertheit. Du schaust in das gespiegelte Gesicht... natürlich dein Gesicht, aber es ist ein Objekt außerhalb von dir. Dann kehre für einen Moment den ganzen Vorgang um. Beginne zu fühlen, dass du von dem Spiegel angeschaut wirst, dass nicht du das Spiegelbild anschaust, sondern das Spiegelbild dich anschaut.

Das wird dich in einen sehr merkwürdigen Zustand versetzen. Du brauchst es ein paar Minuten lang auszuprobieren, und du wirst sehr lebendig werden, und etwas von einer ungeheuren Kraft wird in dich eindringen. Vielleicht bekommst du sogar Angst, weil du das noch nie gekannt hast, weil du noch nie den vollständigen Energiekreislauf gesehen hast.

Es scheint mir das allereinfachste Experiment zu sein, das jeder machen kann, es ist ganz leicht.

Stelle dich vor den Badezimmerspiegel und schau dir zuerst dein Spiegelbild an: Du schaust das Spiegelbild an, es ist das Objekt. Dann verändere die Situation, drehe den Prozess um: Beginne zu fühlen, dass du das Spiegelbild bist und dass das Bild im Spiegel dich anschaut, und du wirst sehen, wie unmittelbar eine Veränderung passiert.... eine enorme Energie kommt auf dich zu.

Am Anfang mag es dich erschrecken, denn du hast so etwas noch nie getan, du hast so etwas noch nie erlebt.

Es kommt dir verrückt vor, vielleicht bist du erschüttert, vielleicht beginnst du zu zittern oder dich desorientiert zu fühlen, denn deine ganze Orientierung war bisher Extroversion. Die Introversion muss ganz langsam erlernt werden.

Dann schließt sich der Kreis. Wenn du das ein paar Tage durchhältst, wirst du überrascht sein, um wie viel lebendiger du dich den ganzen Tag über fühlst... und dabei stehst du einfach nur ein paar Minuten vor dem Spiegel und lässt die Energie zu dir zurückkommen, sodass der Kreis sich schließt.

Das Ergebnis:

Und wenn der Kreis sich geschlossen hat, tritt eine große Stille ein.

Der ungeschlossene Kreis erzeugt Ruhelosigkeit. Wenn der Kreis geschlossen ist, erzeugt es Ruhe, bringt dich in deine eigene Mitte, und in der Mitte sein heißt stark sein.
Diese Stärke ist dein!

Das ist nur ein erstes Experiment, danach kannst du es auf vielerlei Weise ausprobieren.

Juni Suchen- aber wo?

01.-10. Juni Eigentlich ganz einfach…

"Verstand" und "Zeit" – "Jetzt" und" Sein"

Was hat der Verstand mit der Zeit am Hut?

Warum verleugnet der Verstand normalerweise das Jetzt und leistet ihm Widerstand? Ganz einfach, er kann ohne Zeit…Vergangenheit und Zukunft, nicht funktionieren und in Kontrolle bleiben.

Daher nimmt er das zeitlose „Jetzt" als bedrohlich war. Zeit und Verstand sind in Wahrheit untrennbar.

Der Mensch ist das einzige Lebewesen mit Verstand und damit mit in der Zeitvorstellung. Weder Tiere noch Pflanzen haben davon eine Vorstellung. Oder hast du schon einmal einen Elefanten gesehen der die Giraffe nach Zeit und Datum gefragt hat?

Der Mensch benötigt Zeit und Verstand um zu funktionieren. Das ist gut. Doch wenn der Punkt kommt, an dem beide vom Menschen Besitz ergreifen, ohne dass es ihm bewusst ist, beginnen Kummer, Schmerz/Leid und Krankheit.

Um die Kontrolle zu behalten, ist der Verstand ununterbrochen damit beschäftigt, den momentanen Moment, die Gegenwart zu überdecken.

Jeder leidet unter dieser Last und sie vergrößert sich noch, wenn der so wertvolle Moment abgelehnt oder ignoriert wird.

Das unendlich kreative Potenzial des „Seins", das vom „Jetzt" nicht zu trennen ist, wird genauso von Zeit überdeckt, wie die wahre Natur vom Verstand.

Der Verstand hat seine Existenz nur in der Vergangenheit oder er projiziert in die Zukunft. Das sind seine existenziellen (illusionären) Räume.

Die Vergangenheit ist immer endgültig vorbei und die Zukunft hat noch nie stattgefunden. Beides sind konstruierte Vorstellungen des Verstandes.

Nur **Illusionen!**

11.-20. Juni Schuld ist immer das Ego!?

Was tun, wenn Alleinsein schmerzt?

Bis in die Seele zittern.

"Warum kommt Schmerz auf, wenn du allein bist? Der wichtigste Grund ist, dass dein Ego krank wird. Dein Ego kann nur mit anderen existieren, es ist aus Beziehungen entstanden. Wenn du also ohne jemanden anders bist, fühlt es sich, als ob es ersticken würde, als ob es am Rande des Todes seist. Die Angst des Egos ist das tiefste Leid. Du fühlst dich, als ob du sterben würdest. Doch nicht du stirbst, sondern das Ego, das du fälschlicherweise für dich selbst hältst.

Du wirst durch diese Angst hindurchgehen müssen, nur so kannst du angstfrei leben. Du wirst erst dann angstfrei sein, wenn du durch die tiefste Angst des Egos durchgegangen bist, durch die Auflösung des Images, das du nach außen trägst – deiner Persönlichkeit.

Zittern vor Angst.

Was kannst du also tun?

Es gibt nichts zu tun. Lebe die Angst aus, wenn sie im Alleinsein hochkommt. Wenn du vor Angst zitterst, dann zittere einfach. Du kannst die Angst nicht vermeiden. Manche Menschen beginnen, ein Mantra zu singen: Ram, Ram, Ram… Du kannst dich an ein Mantra klammern, damit dein Verstand von der Angst abgelenkt wird, das Mantra singen lullt dich ein und die Angst verschwindet auch – du hast sie jedoch nur ins Unterbewusstsein geschoben. Sie wollte gerade entweichen, was gut ist, du warst gerade kurz davor, frei davon zu werden, du hast gezittert und das ist natürlich. Aus jeder Zelle des Körpers und des Verstandes entweicht beim Schütteln etwas von der Angst-Energie. Sie war vor dem Alleinsein auch schon da, sie war nur eingeschlossen. Nichts wegdrängen.

Die ganze Seele wird von der Angst berührt sein, doch lasse es einfach geschehen. Tue überhaupt nichts. Alles, was du tun kannst, ist nur wieder eine Unterdrückung. Indem du die Angst zulässt, indem du sie da sein lässt, wird sie dich verlassen.

Der Schlüssel für alles Unangenehme.

Der Wirbelsturm ist vorbei und du wirst jetzt zentriert sein, so wie nie zuvor. Wenn du einmal die Kunst erfahren hast, alles Unangenehme bestehen zu lassen, dann kennst du den Hauptschlüssel, der alle inneren Türen öffnet. Dann kann kommen, was will. Lasse es einfach da sein und gehe ihm nicht aus dem Weg."

Quellenhinweis: 'FindYourNose - Online Magazin für Meditation' Osho-Zitate

21.-30. Juni Das wahre Selbst braucht kein Ego

Das Ego ist wie Junk-Food…bunt und einladend, aber ohne Nährwert.

Ein Mensch, der aus dem Ego lebt, wird ständig an sich selbst vorbeileben. Er fühlt sich leer und unbedeutend und will sein Dasein mit irgendetwas füllen.

Vielleicht beginnt er zwanghaft zu essen, nur um die Leere in sich zu füllen. Er wird zum Vielesser. Er kann süchtig werden nach Essen. Oder er kann Süchtig werden nach Geld, nach Gold, nach Macht.

Das alles sind Wege, um sich Geltung zu verschaffen.

Aber nichts davon hat Erfolg, alles ist vergeblich.

Juli Denkanstöße

01.-10. Juli Denken-loses Denken.

Denke nie gedacht zu haben, denn das Denken der Gedanken ist gedankenloses Denken.

Denken ist der Vorgang zur Erzeugung von Gedanken unter Verwendung eines Hirns. Da das Denken offensichtlich für einige ausgesprochen schmerzhaft ist, wurden die Medien als Ersatz geschaffen.

Was man über das Wesen des Verstandes verstehen sollte:

Wenn jemand sagt: *<Er hat einen ruhigen Verstand>*, ist das unsinnig. Ein Verstand kann niemals ruhig sein. Das Wesen des Verstandes ist Unruhe, Verstand ist Lärm, nicht Stille. Wenn ein Mensch wirklich still ist, muss man vielmehr sagen, dass er keinen Verstand hat.

Wenn ein Verstand vorhanden ist, kann er nicht ruhig sein, kann er nicht still sein. Wenn er still ist, ist er nicht mehr da. Aus diesem Grund verwenden Zen-Mönche immer den Begriff „no-mind" (Kein Verstand), und nicht „silend mind" (stiller Verstand).

Wenn kein Verstand mehr da ist, herrscht Stille – und in dem Augenblick, in dem kein Verstand mehr da ist, kann man den Körper nicht mehr wahrnehmen, denn der Verstand ist das Medium, über das man den Körper fühlt.

Weder Verstand noch Körper sind dann noch vorhanden – nur das reine Sein. Dieses reine Sein zeigt sich in Form von Stille.

Wie kann man diese Stille erreichen?

Wie kann man diese Stille sein?

Einer der verlässlichen und wirksamsten Methoden ist das „INSIGHT mind focusing".

Wenn der Verstand nicht mehr da ist, wenn das Sein vollkommen still ist, folgt der

Körper wie ein Schatten. Der Körper nimmt dann eine bestimmte Haltung ein – die entspannte, passive Haltung, die ihm möglich ist. Doch man kann es nicht andersherum machen. Man kann nicht zuerst eine bestimmte Haltung einnehmen und dann die Stille folgen lassen.

Schau bitte selbst bei deinen Erfahrungen nach:

Wenn du wütend wirst, nimmt dein Körper eine bestimmte Haltung ein. Die Augen sind gerötet, das Gesicht nimmt einen bestimmten Ausdruck an. Wut ist im Inneren vorhanden, und der Körper folgt – nicht nur äußerlich auch innerlich, die ganze Körperchemie verändert sich. Das Blut fließt rascher, du atmest anders, du bist für Kampf oder Flucht bereit. Doch zuerst kommt die Wut, dann folgt der Körper.

Beginne einmal vom entgegensetzen Pol:

Lass die Augen rot werden, atme schneller, tue, was der Körper macht, wenn Wut vorhanden ist.

Du kannst Schauspielern, doch du kannst keine Wut im Inneren hervorrufen.
Wenn er eine Liebesrolle spielt, macht er, was ein Körper macht, wenn Liebe vorhanden ist. Der Schauspieler kann das vielleicht besser als du, doch trotzdem wird keine Liebe daraus entstehen.

Wenn man von außen beginnt, erzeugt man nur einen vorgetäuschten Zustand. Das Wirkliche geschieht immer zuerst im Zentrum, dann erreichen die Wellen die Peripherie.

Das innerste Zentrum ist Stille. Beginn also von dort.

Nicht mit denken, sondern mit Fühlen beginnt wirkliches Handeln.

11.-20. Juli Fehler, bringen Dich ganz nach oben!

In dem Augenblick, in dem man seine Fehler erkennt, beginnen sie wie tote Blätter abzufallen. Dann muss man nichts mehr weiter tun. Sie zu erkennen ist genug. Sich seiner Fehler einfach nur bewusst zu sein ist alles, was es braucht. In dieser Bewusstheit beginnen sie zu verschwinden, beginnen sie sich aufzulösen.

Man kann einen bestimmten Fehler nur dann immer wieder begehen, wenn man sich seiner nicht bewusst ist. Unbewusstheit ist die Voraussetzung dafür, dass man denselben Fehler immer wieder begeht, und selbst wenn man sich dann zu ändern versucht, wird man den Fehler in irgendeiner Art begehen, in einer anderen Gestalt.

Fehler können in jeder möglichen Gestalt und Größe auftreten! Man wird den Fehler nur durch andere ersetzen, ihn austauschen, aber nicht los werden, weil man tief im Inneren nicht einsieht, dass es sich um einen Fehler handelt. Andere sagen es einem dann möglicher weise, weil sie es sehen können.

Der Grund: Wir schauen uns die anderen an, sehen ihre Realität, doch in uns selbst produzieren wir Illusionen, schöne Illusionen.

Unsere Sinneskanäle sind nach außen gerichtet. Unser Verstand ist der Prozessor, der die empfangenen Signale nach den konditionierten Programmen, als wahr erscheinen lässt.

Diese konditionierten Programme bezeichnen wir als unsere Gewohnheiten. Trainieren wir unseren Verstand, bedeutet dies, dass wir Innenschau halten und die störenden Programmpfade neutralisieren. Sich EINSICHT gewähren, Gewohnheiten erkennen und die Fehler lösen sich wie Seifenblasen auf.

Unsere Konditionierung, so haben wir es gelernt, wird als Gewissen bezeichnet, und dieses Gewissen bestimmt das Leben.

Erkenne die Fehler, und es geht aufwärts.

Die Investition: „Jeden Tag zwei mal 15 Minuten“ Es sind ca. 3% von 24 Stunden, oder 6 Zigarettenlängen.

Manchmal bekommt man die Zeit geschenkt:

Im Stau, wenn wir auf den Zug, Bus oder Flieger warten….

Beim abendlichen Unten-halten-Programm – was üblicherweise Unterhaltung genannt wird.

Nur eines ist nicht erlaubt:

JAMMERN! Denn diese Zeit lässt sich wunderbar für das Praktizieren von Bewusstwerden nutzen.

21.-31. Juli Ein Bild ist statisch.

Es bleibt wie es ist. Es verändert sich niemals.

Der unbewusste Verstand funktioniert wie eine Kamera, wie eine Fotoplatte.

Dazu eine kurze Metapher:

Eine Frau zeigte ihrem Sohn das Familienalbum, und dabei stießen sie auf das Foto eines attraktiven Mannes – dichtes Haar, Bart, sehr jung, sehr lebendig. Der Junge fragte:

„Mami, wer ist dieser Mann?“

Die Frau antwortet:

„Erkennst du ihn nicht? Das ist dein Vater!“

Der Junge schaute verwirrt drein und meinte dann:

„Wenn das mein Vater ist, wer ist dann der kahlköpfige Typ, der bei uns wohnt?“

Der wache Verstand, der meditative Verstand, funktioniert wie ein Spiegel. Er nimmt keine Eindrücke auf. Er bleibt vollkommen leer, immer leer. Und alles, was vor den Spiegel kommt, wird reflektiert.

Wenn du vor dem Spiegel stehst, reflektiert er dich. Wenn du weg bist, sage nicht, dass der Spiegel dich verraten hat. Der Spiegel ist einfach nur ein Spiegel.
Wenn du weg bist, reflektiert er dich nicht mehr. Er hat keine Verpflichtung dazu, dich weiter zu reflektieren. Jetzt steht vielleicht ein anderer davor. Er reflektiert jemand anderen. Wenn niemand davor steht, reflektiert er niemand. Er spiegelt nur das, was ist. Was ist, ist! Punkt.

Eine Fotoplatte spiegelt niemals das, was ist. Selbst, wenn in diesem Augenblick ein Foto von dir gemacht wird, bist du schon nicht mehr derselbe Mensch, wenn das Foto entwickelt ist. Bedenke in all deinen Beziehungen, geschäftlich wie privat, der Gegenüber verändert sich während der Kommunikation.

Die Realität ist immer nur im Moment. Der Rest ist Veränderung und nicht real, nur Illusion. Nur durch wache Achtsamkeit entsteht wirklich Veränderungs-Möglichkeit auf die eignen Muster seiner eigenen Konditionierung.

August Lernen mit Freude

01.-10. August Was wir vom Lotus lernen dürfen.

Was bedeutet Anhaftung?
Was verbirgt sich hinter diesem Begriff?

Was ist damit erreichbar?

Der Einblick:

Als gutes natürliches Beispiel dient hier der Lotus. Er wird auch als Blüte der Reinheit verehrt.

Reinheit, Klarheit, saubere Lösung, Durchblick, weiße Weste – alles Bezeichnungen, die wir in unserem Wortschatz führen. In diesen Zusammenhängen setzen wir unbewusst eine Verunreinigung voraus, die es zu beseitigen gilt.
Es haftet etwas an, was uns in irgendeiner Form stört.

Die Spiegelung finden wir auch in uns. Jeder hat sich im Laufe seines Lebens Verhalten, Konditionierungen, Überzeugungen und Glaubenssätze angeheftet, unsere Gewohnheiten, die heute das Wohlbefinden des Einzelnen individuell einschränken.

Betrachten wir im Vergleich einen Lotus. Seine Umgebung ist das Wasser mit allen seinen Informationen und Verunreinigungen, vergleichbar zum Menschen, der ständig Energie in Form von unzähligen Informationen aller Art und Qualität zugeführt bekommt.

Der Lotus benötigt das Wasser zu seiner Existenzerhaltung – der Mensch braucht das informative Energiefeld für seine Existenzerhaltung.

Der Lotus nimmt sich nur das was er momentan, in diesem Augenblick, benötigt. Den Rest lässt er so abperlen, wie keine andere Pflanze.

Betrachten wir den Wassertopfen genau. Die Bläschen in seinem Inneren sind sinnbildlich die Konditionierungen und Glaubenssätze beim Menschen, die unser

Ego mit hohem Energieaufwand verteidigt.

Was macht der Mensch? Er nimmt auf was er benötigt. Dazu lässt er auch sein ganzes Spektrum an Konditionierungen permanent mitlaufen. Er gleicht ab, interpretiert, zieht Rückschlüsse und beurteilt. Das, was da beim Menschen im Hintergrund so bestimmend mitläuft, ist das Ego.

Der Lotus bezieht seine Lebensenergie über die Wurzel aus dem Wasser.
Alles andere perlt ab, oder er lässt es nicht anhaften. Damit nutzt er den Sumpf, bezieht seine Energie, ohne Anhaftung. Er wird so zur schönsten Blüte.

Der Lotus lässt alles Äußere an sich abperlen. Die meisten Menschen haben diese Fähigkeit bei sich selber zunichte gemacht, unbewusst. Sie haben jedoch die Möglichkeit, sich dieser energetisch guten Eigenschaft wieder zu bedienen.

Durch das Praktizieren der Achtsamkeit, gepaart mit Konzentration, erreicht der Mensch diese Aufmerksamkeit, dass er nur noch das aufnimmt, was seinem Leben dienlich ist. Der Mensch wird bewusster, damit wissender. Unbewusst ist unwissend, und dadurch nicht beherrschbar.

So lässt sich der Energieräuber erkennen und kann an die Leine gelegt werden. Der Verstand wir zu Höchstleistungen fähig, zu der Leistung, zu der er bisher noch nie im Stande war.

Das braucht mir niemand zu glauben. Durch das Praktizieren und Überprüfen kann jeder diese Erfahrung selber machen. Damit erlebt jeder gleich, wie aus „Glauben“ „Wissen“ wird, was zur Weisheit führt. Manipulation, wie in vielen Trainings, Coachings und Therapien, sind hier ausgeschlossen.

Das kannst du wie eine wissenschaftliche Arbeit betrachten und überprüfen. Nur was deiner Überprüfung standhält, kannst du annehmen.

11.-20. August Angst kann man nicht lernen?

Angst hat man!

So eine Aussage, die mir heute begegnet ist.

Ist das wirklich so?

Ich behaupte nein.

(Dazu eine Bemerkung; Es gibt zwei große Kategorien von Angst. Die Überlebensangst und die hypothetische Angst oder auch als Furcht bezeichnet. Hier betrachten wir die hypothetische Angst.)

Dazu ein Bespiel:

Kommt ein Baby zu Welt, kann es nachweislich schwimmen. Erst durch die Übertragung mittels Spiegelneuronen der Eltern lernt das Kind, dass schwimmen gefährlich ist. Somit hat das Neugeborene in den ersten Wochen und Monaten alle Ängste der Eltern und seines Umfeldes erfahren.

Meiner Erfahrung nach wird Angst/Furcht gelernt. Da viele diese Erkenntnis nicht haben, steht der Glaube – was wiederum Unwissen bedeutet – im Vordergrund.

Hypothetische Angst wirkt hemmend, blockierend, verschwendet Energie, behindert die Kreativität und verhindert Intuition!

Vordergründig herrschen immer die Konditionierung und die Konzeptualisierung. Die Lösung beschert die Achtsamkeit und Konzentration und sind im Summenspiel Aufmerksamkeit.

Worauf sich die Aufmerksamkeit richtet, das ziehst du an! Das stimmt, wenn auch hier das Summenspiel der Achtsamkeit und Konzentration berücksichtigt wird.

In dem was wir landläufig als Aufmerksamkeit bezeichnen, ist unser Ego stark beteiligt.

Angst lernt der Mensch, weil er Trennung statt Polarität lernt. Die Gesetze der Natur liegen in der Polarität. Doch den Gesetzen der Natur ist es egal, wie der Mensch sich verhält. Sie wirken, ob du daran glaubst oder nicht. Sie treten auf wie siamesische Zwillinge, hell und dunkel, Mangel und Fülle, Angst und Freude, das eine hat immer das andere im Gepäck. Ist das verstanden, kommt Klarheit.

Lerne die hypothetische Angst zu erkennen und dein Leben füllt sich mit Freude. Die hypothetische Angst ist dein emotionales Gedächtnis und damit von dir bestückt. Daher kannst du es auch verändern.

21.-31. August Opfer oder Mitschöpfer?

Vorab zwei Begriffe:

Bewusstsein und *Gewahrsein*, ein Rätsel?

Der Philosoph Thomas Metzinger erklärt Bewusstsein so:

„Das Problem des Bewusstseins bildet heute – vielleicht zusammen mit der Frage nach der Entstehung unseres Universums – die äußerste Grenze des menschlichen Strebens nach Erkenntnis."

Gewahrsein.
Das Wort wird zur Übersetzung von »awareness« benutzt (in älteren Übersetzungen findet sich auch »Bewusstheit« und »Bewusstsein«). »Gewahrsein« ist aktiver als Wahrnehmung und passiver als Bewusstsein. Von Gewahrsein wird gesprochen, wenn die Wahrnehmung von dem Wissen begleitet wird, dass wir wahrnehmen (»[selbst-]bewusstes Wahrnehmen«).

Wie kann das dir helfen?

Egal welche Beschreibung für beide Begriffe gewählt wird, es bleibt immer eine Lücke zum Unfassbaren.

In jedem Fall gibt es eine Verbindung von unserem Gehirn, der Quantenmaschine, zum Unfassbaren. Die Atome des Gehirns stehen in direkten Kontakt mit den Naturgesetzen, und wenn du einen Wunsch hast, schickt das Gehirn mithilfe der Magie des Bewusstseins ein Signal zur Quelle aller Naturgesetze.
Die einfachste Definition von *Bewusstsein ist Gewahrsein.* Somit ist der Rückschluss

erlaubt: „Bewusstsein ist Schöpfungspotential“.

Willst du ein Opfer der fünf Sinne oder lieber Mitschöpfer sein?

So sehen die Möglichkeiten aus:

Entweder;

abhängig von den fünf Sinnen: Trennung, Dualität, Ego, der Angst unterworfen, der Quelle fern.

Oder

abhängig von den Naturgesetzen: Herr der Lage, weniger ängstlich; nutzt die natürliche Ressourcen; einfallreich verständig.

Und

abhängig vom Bewusstsein: kreativ; bestens mit den Naturgesetzen vertraut; der Quelle nah; grenzen verschwinden, Absichten führen zu Ergebnissen.

Im Laufe der Entwicklung von der Getrenntheit zur einen Wirklichkeit, verändert sich lediglich das Bewusstsein.

Ein paar Worte zum Ego, das sein eigenes Spiel treibt: Das Ego sorgt selbst dafür, dass es intakt bleibt, indem es ständig wiederholt, was es bereits kennt. Doch das Leben ist immer neu und muss es auch sein, wenn du je etwas Neues denken, wünschen oder erleben willst.

Wenn du dich dafür entscheidest, die Vergangenheit zu wiederholen, verhinderst Du, dass sich das Leben erneuert.

Was möchtest *DU* sein?

Opfer oder Mitschöpfer?

September Hindernisse – erkennen und beseitigen

01.-10. September Entferne die Wand.

Ernest Ropiequet Hilgard (* *25. Juli 1904 in Belleville, Illinois; † 22. Oktober 2001 in Palo Alto)* war ein amerikanischer Psychologe. Er wirkte von 1933 bis 1979 an der Stanford University, darunter von 1938 bis 1969 als Professor, und beschäftigte sich insbesondere mit der Theorie des Lernens sowie mit der Untersuchung und der Anwendung von Hypnose. Er bewies wissenschaftlich, was schon vor 2500 Jahren bekannt war, den versteckten Beobachter – *„Hiddenobserver“* im Menschen. Dazu gibt es umfangreiche Literatur für Interessierte. (Wikipedia)

„INSIGTH“ mindfocusing* und der Beobachter.

Der versteckte Beobachter ist der Punkt im Menschen, der beim „INSIGTH“ mind focusing eine aktive Rolle spielt. Der Beobachter muss immer etwas beobachten. Das ist seine Aufgabe. Er ist auch im Schlaf, Koma und bei Bewusstlosigkeit aktiv. Beim Praktizieren wird der Beobachter auf den Atem gelenkt. Das Beobachten geschieht durch den Geist. Was auch immer durch die Beobachtung gewonnen wird, ist nur mental.

Wer ist der Bobachter?

Der Beobachter wird nicht in Frage gestellt, nur das Beobachtete, das Objekt der Sinne.
Beim „INSIGTH“ mindfocusing geht es darum, zu erkennen, dass das Beobachtete unbeständig, unbefriedigend und unpersönlich ist.

Es wird selbst erkannt, dass nichts einen so großen Wert besitzt, dass man daran hängen bleiben sollte. Durch direktes Beobachten der Objekte erfährt der Mensch wirklichen inneren Wandel, der Frieden, Klarheit und Zufriedenheit bringt.

Die Wand entfernen.

Ich denke, das Hängen am Inneren geschieht durch das, das scheinbar außen ist. Entferne die Wand zwischen Innen und Außen. Zum Beispiel, Nirvana *(der das Erkennen des Kreislaufes von Leiden beschreibt; wörtliche Bedeutung „erfassen" im Sinne von verstehen)* das ist innen, und Samsara *(beständiger Wandel)* außen, oder Form ist innen und Leere außen. Wenn du Leere suchst bist du irgendwo außerhalb von ihr. So konstruierst du eine Wand zwischen dir und etwas unbekanntem. Wenn du diese Wand entfernst, brauchst du keine Meditation.

Alles was du dazu benötigst ist eine Anleitung. Dann ist es wie eine eigene wissenschaftliche Abhandlung. Keine Suggestionen sondern dauerhaftes Erkennen.

11.-20. September Läuft da etwas schief??

Die Welt steht auf dem Kopf. Etwas Grundlegendes läuft schief. Nicht die unglückliche Person sollte mehr Freunde haben, sondern die glückliche. Doch sei glücklich und dann sind die Leute auf dich eifersüchtig, sie sind keine Freunde mehr. Sie fühlen sich betrogen. Du hast etwas, was sie nicht haben können.

Glückliche Menschen wertschätzen.

Über die Jahrhunderte hinweg haben wir diesen subtilen Mechanismus gelernt: Glücklichsein zu unterdrücken und Unglücklichsein auszudrücken. Jemand, der meditiert, wird diesen ganzen Mechanismus loslassen. Du musst lernen, wie du glücklich sein kannst und du musst lernen, glückliche Menschen wertzuschätzen. Erinnere dich daran, glücklichen Menschen mehr Aufmerksamkeit zu geben.

Unglücklichsein ist keine Tugend.

Das ist ein großer Dienst an der Menschheit. Sympathisiere nicht mehr so sehr mit Menschen, die unglücklich sind. Wenn jemand leidet, dann helfe ihm, doch sympathisiere nicht mit ihm. Vermittle ihm nicht das Gefühl, dass sich Leiden lohnt.

Lasse ihn wissen, dass du ihm helfen wirst, jedoch “nicht weil ich dein Unglück schätze, sondern weil du leidest.” Du tust also nichts anderes, als den Menschen von seinem Unglück zu befreien, denn Leiden ist hässlich. Lasse die Person fühlen, dass Leiden hässlich ist und dass Unglücklichsein keine tugendhafte Eigenschaft ist.

Drei Eigenschaften von Göttlichkeit:

Sat, Chit, Anand

Sei glücklich, schätze Fröhlichkeit und helfe den Menschen zu verstehen, dass Glück das Ziel im Leben ist. Östliche Mystiker haben gesagt, Göttlichkeit habe drei Eigenschaften:

• Wahrheit und Sein (Sat),

• Bewusstheit und Bewusstsein (Chit) und schließlich

• den Höhepunkt – Glückseligkeit (Anand).

Göttlichkeit ist, wo jemand glücklich ist

Wo immer jemand glücklich ist, da ist Göttlichkeit zuhause. Wenn du einen glücklichen Menschen siehst, dann achte ihn mit Ehrfurcht, er ist heilig. Wann immer ein Treffen von Menschen festlich und glücklich ist, dann bist du an einem heiligen Ort.”

Zitat – Auszug aus The Book of Wisdom #20

- ➢ Wollen wir Aufmerksamkeit, auch wenn wir dafür leiden.
- ➢ Wollen wir begehrt werden, auch wenn wir dafür leiden?
- ➢ Wollen wir Anerkennung, auch wenn wir dafür leiden?

Läuft da etwas schief?

Gib dem Leiden keine Sympathie.

Freue dich mit glücklichen Menschen aus deinem SEIN, nicht nur die Maske (persona) lächeln lassen

Anmerkung: Bei Leid spreche ich nicht vom Schmerz. Des Schmerzes bedarf Mitgefühl, kein Mitleid.

Leid ist der Schwanz, den der Schmerz mit sich zieht. Das Drama.

„Wenn Du ein Problem erkannt hast und nichts zur Lösung beiträgst, wirst Du selbst ein Teil des Problems!“ Alte Indianerweisheit

21.-30. September Gedankenwelt …Subjekt oder Objekt?

Karl Jaspers beschrieb es so:

"Allen ... Anschauungen ist eines gemeinsam: sie erfassen das Sein als etwas, das mir als Gegenstand gegenübersteht, auf das ich als auf ein mir gegenüberstehendes Objekt, es meinend, gerichtet bin. Dieses Urphänomen unseres bewussten Daseins ist uns so selbstverständlich, dass wir sein Rätsel kaum spüren, weil wir es gar nicht befragen. Das, was wir denken, von dem wir sprechen, ist stets ein anderes als wir, ist das, worauf wir, die Subjekte, als auf ein gegenüberstehendes, die Objekte, gerichtet sind. Wenn wir uns selbst zum Gegenstand unseres Denkens machen, werden wir selbst gleichsam zum anderen und sind immer zugleich als ein denkendes Ich wieder da, das dieses Denken seiner selbst vollzieht, aber doch selbst nicht angemessen als Objekt gedacht werden kann, weil es immer wieder die Voraussetzung jedes Objektgewordenseins ist. Wir nennen diesen Grundbefund unseres denkenden Daseins die Subjekt-Objekt-Spaltung. Ständig sind wir in ihr, wenn wir wachen und bewusst sind."

Aus einer anderen Sicht.

Leben in zwei Welten.

Mit unseren Sinnesorganen stehen wir in Verbindung mit der realen Außenwelt. Fühlen, Schmecken, Riechen, Sehen, Hören.

Die andere ist unsere geistige Innenwelt, die Konditionierung

Die geistige Innenwelt ist die Summe aller *Gedanken, alle im Gedächtnis gespeicherten Erlebnisse und Erfahrungen, aber auch alle Vorstellungen, Vermutungen, Hoffnungen, Vorlieben, Wünsche, Abneigungen, Vorurteile, Meinungen und Ansichten.*

Das bildet in der Gesamtheit die Grundlage des verstandesmäßigen Denkens.
Mit der Bezeichnung „MENTAL“ den meisten bekannt.

Das Mentale ist für unsere rationale Arbeitsweise die Basis. Rationales Denken ist „immer dualistisch". Somit die Ursache aller Wertungen, Unterscheidungen zwischen richtig und falsch, Gut und Böse, Ursache und Wirkung sowie allen anderen Gegensatzpaaren.

Weitere Inhalte der mentalen inneren Welt sind, der Glaube an eine Religion, philosophische oder weltanschauliche Überzeugungen, moralische Konzepte wie auch Heilslehren.

Was ist daran so wichtig?

Es ist wichtig zu wissen, dass all diese Dinge nur Produkte des Gehirns sind. Ohne Gehirntätigkeit gäbe es sie nicht. Das wiederum bedeutet, dass diese Vorstellungswelt außerhalb des Gehirns keine eigene Existenz besitzt.
Das Gehirn schafft sich so seine eigene Realität, welche zwar ähnlich, nicht jedoch identisch mit der ursprünglichen Außenwelt ist.

Die Existenz unserer Gedankenwelt ist dennoch nicht zu leugnen. Sie existiert in uns. Wir machen uns nur sehr wenig Gedanken über ihren Realitätsgrad.
Außen-und Innenwelten vermischen sich im Alltag. *(Das muss mir jetzt niemand einfach so abnehmen oder glauben, denn es kann jeder für sich selbst nach-prüfen. Prüfungsanleitung gebe ich gerne)*

Wirklich real ist nur der jetzige Augenblick, denn die Vergangenheit ist vergangen und die Zukunft hat noch nicht stattgefunden.

Ängste und Unruhen kommen von den Gedanken, die sich entweder mit der Vergangenheit oder der Zukunft befassen. Erfahrungen aus der Vergangenheit und die Ungewissheit der Zukunft sind Gedankenkonstrukte. Sich von der Herrschaft des Gedankenstromes zu befreien, und sich selbst zum Herrn über ihn zu machen, ebnet den Weg für ein erfülltes Leben.

Ein Mythos sei noch erwähnt:

Die Kraft kommt nicht von Denken. Das Denken verbraucht, wie wissenschaftlich erwiesen, Energie.

Energie ist aber genügend vorhanden. Wir müssen ihr nur Gelegenheit geben, in uns wirksam zu werden.

Gedanken… Subjekt oder Objekt? Was meinst du?

Das Buch: „Das zeitlose Selbst“ was jeder über sich wissen sollte, von dem eigenwilligen, erfahrenen Psychotherapeuten Detlef B. Bartel, ist eine Fundgrube für speziell informierte Leser.

Oktober Beginnt alles im Kopf?

01.-10. Oktober Ruhe beginnt im Kopf.

Der Verstand ***ist*** der Lärm! Nicht der Verstand erzeugt den Lärm, er ***ist*** der Lärm!

Es ist die Natur des Verstandes, mit sich selbst zu sprechen. Daher bedeutet der Versuch, ihn zu kontrollieren, ganz gleich mit welchen Mittel, nur Unterdrückung.

Stell sich die Frage: *"Wann erzeugt der Verstand keinen Lärm?"*

Wenn das Verstehen erwacht, dann kommt die Zeit für den Verstand, ruhig zu sein. Verstehen geschieht, man kann es nicht tun!

Das ist genau der Ansatz, der jedem Menschen weiterhelfen kann. Im Coaching werden die Erläuterungen gleich praktisch umgesetzt, damit das Verstehen geschehen kann, und sich als Gewohnheit integrieren kann. Alles ist durch jeden Teilnehmer jederzeit überprüfbar. Es sind Anleitungen und keine Suggestionen.

Bei „INSIGHT“ mind focusing gibt es kein Gefühl, psychisch auseinandergenommen zu werden, sondern an praktikablem Lösen arbeiten zu können. Es ist zu jedem Zeitpunkt die Gewissheit vorhanden, wieder einen Schritt weitergekommen zu sein, ohne zu denken, dass etwas mit mir nicht stimmt.

Neben vielen anderen Dingen wird gelernt, negative Denkspiralen zu unterbrechen und zu wandeln. So bleibt der Mensch in allen Situationen deutlich gelassener. Es mehren sich positive Erfahrungen, sowohl privat als auch im Job.

Das Wichtigste (und Schwierigste) ist es, das Erlernte regelmäßig zu trainieren um es ganz ins Verstehen / Bewusstsein zu bekommen. Wenn man dies aber tut, wird man mit positiven Erlebnissen reichlich belohnt. Die alten Gewohnheiten verändern sich.

Möge es jedem gelingen, die tiefe innere Weisheit und Kraft, die wir alle bei uns haben, freizulegen.

11.-20. Oktober Es soll oder es soll nicht so sein

Das Verstehen, warum alles so ist wie es sein will, doch der Mensch damit die meisten Probleme hat, beschrieb *Rames S. Balsekar*, der weltbekannteste neuzeitliche Advaita-Lehrer sinngemäß so:

> *Das Universelle Bewusstsein ist Teil des menschlichen Verstandes. Das Universelle Bewusstsein kümmert sich nicht darum.*
> *Alles ist spontan, alles ist Energie. Das Universum nimmt seinen fröhlichen, mystischen, magischen Lauf, bist DU anfängst, es zu betrachten, und durch Dein Betrachten schaffst Du die Probleme.*
> *Der Ablauf des Universums erzeugt keine Probleme. Aber der Physiker, der es beobachtet, erwartet, dass das Universum auf ganz besondere Art und Weise funktioniert, entsprechend dem gesunden (?) Menschenverstand. Stellt er fest, dass das Universum nicht entsprechend dem gesunden Menschenverstand funktioniert, dann sagt er: < Wie kann das sein, dass ein Teilchen sich wie ein Teilchen, und plötzlich wie ein eine Welle verhält? Wir kennen Wellen, die sich wie Wellen verhalten und plötzlich werden sie zum Teilchen>. Er muss also die Tatsache akzeptieren, dass ein Teilchen sich manchmal wie eine Welle verhält und eine Weile wie ein Teilchen. So erfand er das Wort „wavicel“. (Anm. des Übersetzers: Aus „particle“, Teilchen - und „wave“, Welle – wurde das Wort „wavicel“ zusammengesetzt.)*
> *Nur durch seine Beobachtung und seine Probleme entsteht die Notwendigkeit, Lösungen zu finden. Doch das Universum funktioniert weiter in seiner sorglosen Art, es kennt keine Probleme.*
> *Probleme entstehen nur, durch die Betrachtung, denn so kreiert das Individuum Probleme und sagt: „Das sollte oder sollte nicht so sein.“*

Was die Quantenphysik als Beweis vorgelegt hat.

Die Teilchen - Welle - Dualität:

Lange Zeit stritten sich Wissenschaftler ob Licht eine Welle oder ein Teilchen ist. Je nach Art und Bedingung des Experiments verhält sich Licht als Teilchen oder als Welle. Es ist also sowohl Welle als auch Teilchen. Ich erkläre es mir so: Licht ist eine Welle, wird es aber beobachtet, kollabiert die Lichtwelle und wird dann zum Teilchen, zur Materie.

Unschärfetheorie: Quanten sind »unscharf«. Unzählige Versuche haben gezeigt: Ermittelt der Forscher den Ort eines Elektrons, kann er nicht gleichzeitig dessen Geschwindigkeit feststellen. Und umgekehrt: Misst er die Geschwindigkeit des Quants, erfährt er nichts über dessen Ort.

Ohne diese Dualität kann die Welt, wie wir sie kennen, nicht existieren. Wir können durch Lernen und Üben erfahren, dass es immer so ist wie es sein will. Haben wir das in uns realisiert, erleben wir eine uns bisher unbekannte Freiheit

Hast du das gewusst?

Hast du gewusst, dass die "scheinbare" Materie zu 99,999% aus leerem Raum besteht? Um ein Gefühl dafür zu bekommen, hier ein Beispiel: Wenn man einen Menschen auf die Größe des Eifelturms vergrößern würde, dann bliebe nach dem Entfernen des leeren Raums nur die scheinbar feste Materie in der Größe eines Flohs übrig.

Freiheit bedeutet demnach: Raus aus der Desillusion, denn ...

...es ist so, wie es gerade sein will!

21.-31. Oktober Wo ist der Mind? (zu Hause?)

Unbeachtet aller Gegebenheiten vagabundierte unser Geist in Räumen herum. Er braucht den Raum. Diese Räume haben wir in Zeitzonen eingeteilt.

Es sind Vergangenheit und die Zukunft.

In der Vergangenheit fühlt sich unser Verstand am wohlsten. Da hat er den Zugriff, auf alle Lebenserfahrungen. Der zweite Freiraum den der Verstand mag, ist die Zukunft. Auch hier lässt sich gut tummeln. Projektionen aus der Vergangenheit, auch als Visionen, Wünsche und Träume im angenehmen Sinne bekannt, Angst und Begehren, Neid oder Hass als störende Faktoren bekannt.

Das einzige Zeitfenster, was der Mind nicht sonderlich mag und nicht kennt, ist die Gegenwart. Er versteht und spricht nicht die Sprache der Gegenwart.
Wie lange dauert deine Gegenwart?

- Eine Millisekunde?
- Eine Sekunde?
- Eine Minute?
- Eine Stunde?
- Ein Tag?
- Ein Jahr?

Es bleibt deiner Interpretation und Anschauung überlassen.
Für unseren Mind – *den Biocomputer in Kopf* – ist die Gegenwart lediglich eine Schnittstelle.

Und da soll er sich hineinpresse, was er nicht wirklich mag! Es würde dem Verstand jegliche herrschaftliche Funktion entziehen. Er dürfte nur noch dann seine Fähigkeiten ausspielen, wenn wir es ihm zulassen. Dagegen wehrt er sich vehement.

Vergangenheit bedeutet, dass etwas vorbei ist. Auch diese Sekunde des Lesens ist schon Vergangenheit. Unser Einfluss ist beendet.

Die Zukunft hat noch nicht stattgefunden. Darauf haben wir wiederum keinen Einfluss, außer, dass wir uns für die nächste Sekunde vorbereiten um das Beste daraus generieren.

Die Schlussfolgerung daraus:

Vergangenheit ist eine Illusion!

Zukunft ist eine Illusion!

Was uns bleibt ist die Gegenwart. Der Moment oder das „HierJetzt“. Für alle die es genau wollen, das ist die Realität! Desillusion bedeutet, in der Realität angekommen zu sein

Wäre es da nicht wertvoll, dieser Sekunde, in der wir in der Realität sind, unsere höchste Achtsamkeit zu schenken?

Unser Höchstmaß an Lebens-Freude zu er-leben?

November Herr und Diener

01.-10. November Dein Ego ist Dein Diener…

…lass es nie zu deinem Herrn werden!

Dein Ego, eine Teil-Illusion?

Von je her wird versucht, den neugeboren Mensch nicht aus der Abhängigkeit herauszulassen. Dazu sind alle Werkzeuge der Konditionierung erlaubt. Staat und Kirche arbeiten hier sehr gut Hand in Hand. (*Die Sinnfrage des Menschen hat vor tausenden von Jahren diese Lawine ins Rollen gebracht)*

In den ersten Lebensjahren bilden sich naturgemäß die Filter, Konditionierungen, Glaubenssätze, Überzeugungen… die als Summe, Ego genannt werden.

Dazu ist es wissenswert, dass Liebe ein Grundbedürfnis, und Aufmerksamkeit ein Grundnahrungsmittel ist.

Immer wenn ein Kind krank ist bekommt es Aufmerksamkeit. Solange es ihm gut geht, kümmert sich keiner. Niemand denkt im Alltag daran, dem Kind einen Kuss oder eine Umarmung zu geben. Und so lernt das Kind den Trick.

Aufmerksamkeit ist für das Kind potenziell wichtiger als Milch. Ohne Aufmerksamkeit stirbt etwas in ihm.

Liebe ist ein Grundbedürfnis. Der Körper entwickelt sich durch Nahrung, die Seele entwickelt sich durch Liebe. Aber Liebe bekommt ihr nur, wenn ihr krank seid, wenn ihr Probleme habt. Ansonsten gibt euch niemand Liebe.
Das nur eine Andeutung, über welche Möglichkeiten sich das Ego ausbilden kann.

Es gibt heute Millionen von Möglichkeiten seinem Ego einen Sieg zu gönnen. Da das Ego aber nicht wirklich real ist, sondern nur eine selbstgeschaffene Vorlage, kreieren wir uns nach dieser Vorlage, diesen Überzeugungen unsere Welt, die wir eigentlich zu vermeiden trachten.

Um dieser Herausforderung gerecht zu werden, und dies Vorlagen aufzulösen, braucht man keine Therapie, keine Psychoanalyse. Dazu braucht es nur die momentane Achtsamkeit – auf den Ärger, die Wut, die Enttäuschungen und all die Gefühle, die wir im Laufe des Tages durchlaufen.

Was dem Menschen wirklich hilft, ist die Selbsterkenntnis. Selbsterkenntnis stellt sich nur ein, wenn der denkende Verstand Pause macht. Das bedeutet, dass der Mensch Gedankenstille erfährt, wenn er seinem denkenden Verstand die Gewohnheit der Ruhe anerzieht.

Dies erreicht jeder, mit dem Praktizieren des „INSIGHT mind focusing".

Der Vorteil dabei ist, dass es keiner Außenwirkung bedarf und wesentlich schneller und umfangreicher wirksam ist, als andere Therapie- und Coaching-Formen.

Es ist die Zeit, die das Ego benötigt, zu erkennen, dass dies der effizientere Weg ist. Das Ego kann dadurch erkennen, dass es nur an einem seidenen Faden hängt. Jetzt ist es neugierig genug und kann sich wieder in die Sicherheit des Urvertrauens fallen. Das kann sich in jedem Lebensbereich realisieren.

Das ist Lebensqualität pur.

Das ist DEINE Einzigartigkeit.

Das ist die hohe Kunst des Bewusst-SEINS.

Du bist der Herr, dein Verstand ist dein Diener.

Der neue Zustand bedeutet desillusioniertes Ego. Das Ego ist an seinem richtigen Ort.

11.-20. November Verzerrte Haltung.

Es gibt zwei Worte, die unsere etwas verzerrte Haltung zu verschiedenen Ebenen des Engagements widerspiegeln, für geistige wie für körperliche Tätigkeiten:

Es sind die Bezeichnungen *Amateur* und *Dilettant*. Heutzutage werden beide Begriffe leicht abwertend benutzt. Ein Amateur oder ein Dilettant ist nach heutiger Sicht jemand, der nicht ganz den Ansprüchen genügt, jemand, den man nicht sehr ernst nimmt, dessen Leistung weit hinter professionelle Maßstäbe zurückfallen.

Ursprünglich bezog sich „Amateur", vom lateinischen *amare*, „lieben", abgeleitet, auf einen Menschen, der liebt, was er tut.

Ein Dilettant ist, abgeleitet vom lateinischen *delectare*, „sich an etwas erfreuen", jemand, der eine Aktivität genießt.

Die frühesten Bedeutungen dieser Worte lenkten daher die Aufmerksamkeit auf Erfahrung statt auf Leistungen. Sie beschrieben die subjektiven Belohnungen, die Menschen aus der Tätigkeit bestimmter Dinge gewinnen, und nicht, wie gut sie dabei abschneiden.

Was man heute bewundert, ist Erfolg, Leistung, die Qualität des Erreichten und nicht die der Erfahrung.

Verloren gegangen.

Es ist die Freude an den eigenen Handlungen. Daher ist es peinlich geworden, als Dilettant bezeichnet zu werden, auch wenn man dabei das erreicht, was am höchsten zählt.

Nur durch Erkennen, lassen sich verzerrte Bedeutungen wieder in Lebensfreude wandeln.

21.-30. November Selbstliebe versus Egoismus.

Selbstliebe kann für alle Menschen eine Selbstverständlichkeit werden, damit auch jeder gut für sich sorgen kann.

Viele werden sagen, das ist nur eine nettere Verpackung vom Ego.
Selbstliebe und Egoismus sind ein großer Unterschied, Selbstliebe ist ein von innen aufsteigendes Gefühl und Egoismus kommt vom Verstand. Auch der löst Gefühle aus. Die Herkunft der Gefühle unterscheiden zu lernen ist die Kunst.

Gefühle haben großen Einfluss, auf die Energieversorgung der einzelnen Menschen. Gefühle können dafür sorgen, dass der Mensch mit zusätzlichen Energien versorgt wird.

Das Ego kann nur dafür sorgen, dass Energien wegfallen. Eine Herausforderung kann sein, Egoismus in Selbstliebe zu transformiert. Selbstliebe ist die Voraussetzung um sich selbst und andere aufrichtig lieben zu können.

Wer sich selbst nicht liebt und diese Liebe auch lebt, der kann sich nicht öffnen für die wahre Essenz der Liebe.

Dezember Alles im Sinn

01.-10. Dezember Sinnes-Erfahrung.

Unsere Wahrnehmung beruht, so jedenfalls die allgemeingültige Auffassung, durch unsere Sinne - Sehen, Hören, Riechen, Tasten und Schmecken.

Um seinen Gegenüber wirklich zu erreichen, ist es hilfreich zu wissen, welche Tore zur Seele es noch gibt.

Der Niederländische Arzt Albert Soesman sagte, wer sich mit Menschen beschäftigen möchte, sollte auch die Zugangsmöglichkeiten zu den Menschen kennen.

Hier die 12 Tore des Menschen:

1. Tastsinn
2. Lebenssinn
3. Eigenbewegungssinn
4. Gleichgewichtssinn
5. Geruchsinn
6. Geschmacksinn
7. Sehsinn
8. Wärmesinn
9. Gehörsinn
10. Wortsinn
11. Gedankensinn
12. Ichsinn

Wer verstanden hat, dass ohne Lebenssinn kein Arzt mehr helfen kann, für den stellt der Lebenssinn ein Warnsystem dar, das den inneren Gesundheitszustand vermittelt.

Erstaunlich auch der Bewegungssinn, durch den wir nicht nur unsere eigene Bewegungen wahrnehmen, sondern zugleich auch alles, was sich schicksalsmäßig auf uns zubewegt: der Bewegungssinn als Schicksalssinn!

Wer keinen Sinn in einer Sache sieht, hat auch keine Motivation etwas zu tun.

Über welche Sinnhaftigkeit erfährst du dein Leben?

Was ist dir bewusst?

Was hättest du gerne in deinem Bewusstsein?

11.-20. Dezember Be-Sinn-lich.

Wie oft geschieht es im täglichen Leben, dass wir bei der Begegnung oder Beobachtung von Menschen sofort ein Urteil fällen?
Können wir auch anders? Das scheint schwer möglich zu sein. Dennoch bleibt die Möglichkeit, nach dem Urteilen sich zurückzubesinnen.
Aus meiner früheren NLP-Ausbildung, sind ein paar wertvolle Dinge erhalten geblieben. Eine davon passt sehr gut, um sich nach seiner Wahrnehmung, seinem Urteil zurückzubesinnen.

Eine der Grundannahmen aus dem Themengebiet sagt aus:

„Ein Mensch funktioniert immer perfekt und trifft stehst die beste Wahl auf der Grundlage der für ihn verfügbaren Informationen.

Das ist der Punkt!

Niemand tut etwas, was (dir) nicht passt, weil er etwas tun möchte, das (dir) nicht passt.

Er tut es aufgrund der ihm zur Verfügung stehenden Informationen.

Und wenn die ebenso sind, dass etwas geschieht, was (dir) nicht passt, kannst du nicht ihn dafür verantwortlich machen.

Tust du es dennoch, geschieht es natürlich auch nur aufgrund der dir zur Verfügung stehenden Informationen.

Aber die lassen sich jederzeit ändern".

Da ist doch ganz schön viel Liebe enthalten, oder?

Das Gute dabei ist, dass Menschen über alle Ressourcen verfügen, die sie brauchen, um eine von ihnen angestrebte Veränderung zu erreichen.

Wie?

Durch neue günstige Informationen lassen sich alte ungünstige In-form-ationen neutralisieren. Damit steht mehr Energie für das Momentane zu Verfügung.

21.-31. Dezember Sinn – er-Leben.

- Was ist der Sinn des Lebens?
- Wer hat sich diese Frage noch nie gestellt?
- Wer weiß genau, wo er oder sie herkommt?
- Wer weiß genau, warum er oder sie hier ist?
- Wer weiß genau, wohin die Reise geht?
- Warum sind wir auf diesem Planeten?
- Was nehmen wir von hier mit?

Fragen, die bei jedem einmal, wenn auch nicht direkt bewusst, auftauchen.
Jeden Tag werden wir älter. Jeden Tag, jeden Bruchteil einer Sekunde finden Veränderungen statt. Die Veränderung kennt keine Pause.
Was ist der Grund für unsere Existenz?
Das Ego meldet sich daraufhin zu Wort und sagt: Es wird schon irgendeinen Grund haben.

So funktioniert das Leben jedoch nicht. Wenn wir erst einmal verstanden haben, dass alles, was uns am Schluss bleibt, NICHTS ist - der Zeitpunkt kommt bestimmt, auch wenn wir nur ungern darüber reden -, kommen wir dem Erkennen der Sinnhaftigkeit sehr nahe.
Das ist der Moment, wo es an der Zeit ist, realistisch zu sein. Realistisch möchte jeder gerne sein.

Wenn wir jetzt nach dem Sinn des Lebens fragen und das Leben so ausrichten, dass wir zu jedem Zeitpunkt die Veränderung bewusst erleben, dann besteht auch die Möglichkeit, Einfluss auf das Leben zu nehmen.

In jedem Moment setzen sich unsere Energiefeld-Kombination (in unvorstellbarer Geschwindigkeit) und die jedes Lebewesens, neu zusammen. Wir nennen es Veränderung. Dabei zu sein, wenn sich diese Veränderung vollzieht, schafft man dadurch, dass man seine Achtsamkeit bewusst stärkt.

Wenn ich achtsam dabei bin, während sich diese Veränderung vollzieht, dann kann ich mein Leben beeinflussen. Damit lässt sich erkennen, dass jeder Moment meines Lebens Sinn macht, weil hier der Einfluss jedes Einzelnen geltend gemacht werden kann.

Dabei zu sein, wenn die nächste Sekunde beginnt, wenn der folgende Gedanke, das anschließende Gefühl kommt. Sind wir mit der notwendigen Achtsamkeit dabei, können wir hier gewaltigen Einfluss auf den momentanen Moment nehmen. Das macht Sinn! Es ist wie beim Gehen eines Weges, wenn auch nur ein einziger Schritt ausbleibt, erreichen wird das Ziel nicht.

Fragen wir nach dem Sinn des Lebens, dann macht jeder einzelne Moment (SCHRITT) Sinn. Das ist der kleine Sinn des Lebens.

Somit stellt sich die Frage nach dem großen Sinn des Lebens erst gar nicht.
Was hilfreich ist: Dass wir ein Instrument an der Hand haben, das genau da eingesetzt werden kann.

Die vielen kleinen Veränderungen aus jedem Moment ergeben die große Veränderung der energetischen Kombination des Menschen.

Es macht auch große Freude dabei zu sein, wenn Veränderung geschieht. Sie setzt neue Energien frei, die spürbar sind und auch sichtbar werden. Es ist die schönste Herausforderung, die klare Essenzenergie in vollem Umfang zu genießen.

Purer Luxus!

Ja, das Leben findet auch ohne die momentane Achtsamkeit statt. Nur bleiben dann Angst und Zweifel, Begierden und Ärger erhalten.

Die gute Nachricht: Jeder trägt bereits alles bei und in sich, um an die klare Quellenergie zu gelangen. Die momentane Achtsamkeit ist nur das Instrument, um diesen Kanal wieder frei zu legen. Wie kann ein solches Training besser wirken, als in einem ruhigen Umfeld!?

Gönne dir deine Auszeit für deinen natürlichen Lebens-Sinn!

Lebensfreude in den beruflichen oder unternehmerischen Alltag integrieren

I. Quartal Zukunft – Ethik – Kreativität.

Drei Begriffe, die einen direkten Zusammenhang und Einfluss auf Ihren Erfolg haben.

Beginnen wir mit der Zukunft.

Sie beginnt bereits in dem Augenblick, in dem Sie diesen Text lesen. Zukunft ist der Teil des Lebens, auf den wir noch Einfluss nehmen können. Ob wir wollen oder nicht. Der Mensch beeinflusst immer mit dem momentanen Augenblick seinen nächsten Augenblick. Es ist wie das Gehen. Es folgt immer ein Schritt dem Nächsten. Fehlt ein Schritt, ist das Ergebnis Ziel ein anderes.

Demzufolge ist auch gleichzeitig der Rest Vergangenheit. Alles, woran wir nichts mehr verändern können. Das kann jeder gut selber überprüfen.

Betrachten wir den Begriff Ethik.

Die Bezeichnung Ethik wurde von Aristoteles als eine philosophische Disziplin eingeführt, mit der er die wissenschaftliche Beschäftigung mit Gewohnheiten, Sitten, und Gebräuchen meinte.

Die Erkenntnis daraus, dass hier Gewohnheiten und Gebräuche benannt werden, ist ein wesentlicher Teil des zu erwartenden Erfolges.

Der Mensch ist ein Gewohnheitstier. Gewohnheiten und Gebräuche, die er aus der Familie, den Schulen, dem sozialen Umfelde und seiner Beziehungen sich aneignet hat, und aus denen er unbewusst den Großteil seines Lebens gestaltet. Um diesen

Gewohnheiten sich bewusster zu werden und negative Einflüsse zu neutralisieren, bieten sich verschieden Möglichkeiten.

Eine sehr wirksame und nachhaltige Methode wurde Ihnen in den Texten dargestellt.

Kreativität im Zentrum der Zukunft-Ökonomie.

Zu den Begriffen:

Ökonomie ist die Gesamtheit aller Einrichtungen und Handlungen, die der planvollen Deckung des menschlichen Bedarfs dienen.

Kreativität von creare –schöpfen.
Kreativität auch im Sinne von crescere- wachsen, wachsen lassen, das vielleicht den Wortstamm mit creare teilt.

Wo beginnt der Einfluss von Kreativität auf den zukünftigen Erfolg?

Kreativität ist, anders als Wissen, kein Herrschaftsbegriff. JEDER kann kreativ sein, auch ohne drei Studienabschlüsse.
Kreativität ist das, was uns mit der natürlichen Welt verbindet:

Die Natur ist kreativ, indem sie mit Formen, Farben, Prinzipien spielt. Kreativität ist auch das, was Menschen lieben.

Kreativität erlangt der Mensch, wenn er angst- und stressfrei seine Tätigkeit durchführen kann. Kreativität gestaltet Wege, wenn keine Verkrampfungen den Lebensfluss blockieren.

Kreativität ist in vielerlei Hinsicht genau das, was alle Menschen über alle Irrtümer und Prägungen, alle Fehler und Unzulänglichkeiten hinweg verbindet.
Wir können neu beginnen, das zeichnet uns als Menschen aus.

Mihály Csíkszentmihályi sagt sinngemäß in seinem Bestseller „Kreativität“:
Ein kreativer Mensch ist eine Person, deren Denken und Handeln eine Domäne (Herrschaft/Herrschaftsbereich) verändert oder eine neue Domäne begründet. Dies kann außer durch Kreativität, im Sinne von Überragend, durch Zähigkeit, Glück,

Zufall, graduelle Veränderung geschehen.

Nicht die Utopisten haben die Welt positiv verändert, sagt M.Horx in seinem Buch – Wie Menschen Zukunft gestalten – sondern die Bastler, dic Tüftler, die „Nicht-Aufgeber“ – diejenigen, die wissen wollten, wie es anders gehen kann.

Zusammenfassend;

Zwei wesentliche Dinge bestimmen den zukünftigen Erfolg:

1. Angst-stress-und druckfreies Umfeld des Menschen, egal in welcher Position.
2. Die sich daraus entwickelnde Kreativität natürlich und gemeinschaftlich fördern.

II. Quartal Der Mensch im Unternehmen.

Was macht ein erfolgreiches Unternehmen aus?

Es besteht aus Menschen und arbeitet für Menschen. Jedes Produkt, jede Dienstleistung dient im Endeffekt immer er dazu, dem Menschen seine Lebensqualität zu verbessern.

Warum Menschen kaufen!

- Verbesserung seiner Lebensqualität
- Mit dem Produkt kehrt mehr Sicherheit in sein Leben, seine Arbeit, sein Eigentum, ein.
- Er spart ihm Zeit um andere wichtige Dinge zu tun oder um Dinge schneller zu tun.
- Er verdient oder spart durch das Produkt Geld
- Er verschafft sich mehr Anerkennung.
- Er kauft, wenn es ihn mit Stolz erfüllt.
- Wenn, in welcher Form auch immer, Frieden bei ihm einkehrt.
- Der Kunde möchte mehr Leichtigkeit in seinem Leben haben.

Das und mehr sollten den Mitarbeitern der Gemeinschaft im Unternehmen bekannt sein.

Es ist ein Teil der Führungskultur, weil die Menschen im Unternehmen in dem Ausmaß Teil des Unternehmens sind, wie sie die psychische Energie in die gemeinsamen Ziele stecken.

Ein gutes Unternehmen ist nicht notwendigerweise eines, das das meiste Geld erwirtschaftet, sondern eines, das in höchstem Maße dafür verantwortlich ist, die Lebensqualität ihrer Mitarbeiter und Kunden zu verbessern.

Die wirkliche Funktion der Unternehmenskultur besteht nicht darin, die Menschen reicher, sicherer oder mächtiger zu machen, sondern möglichst vielen eine immer komplexere Existenz zuzusichern.

Jedes Geschäft ist von Menschen für Menschen. Das Produkt, das der Kunde kauft, sollte unter den gleichen Umständen im Unternehmen gefertigt werden.

III. Quartal Kommunikations-Geheimnisse.

Wie viel Kommunikations-Vorschläge haben Sie schon erhalten?

Wie viel Seminare zum Thema Kommunikation haben Sie besucht?

Wie viel Mails bekommen Sie im Monat, wo man Ihnen verspricht, den Kommunikations-Schlüssel zu haben?

Es sind oft nur Annahmen.

Was jedoch funktioniert, ist, wenn Sie wissen wie der Mensch beim Kommunizieren empfindet.

Wie entsteht Empfindung?

Die Empfindung lebt,

A) von den sechs Sinnesorganen:

Augen – Ohren – Nase – Zunge – Körper und Geist.

Der Geist ist der Sinneskanal, der keinen direkten Zugang zur Außenwelt hat. Er ist durch Beobachten und Nachahmen seit der Geburt konditioniert.

B) den sechs Sinnesobjekten:

Form – Klang – Geruch – Geschmack – Berührbares und Geistobjekte.

Die Geistobjekte, besser noch Mind genannt, sind reine Prozessoren wie beim PC und haben auch keine andere Aufgabe als zu prozessieren.

C) den sechs Sinnesbewusstseinsbereichen:

Sehen – Hören – Riechen – Schmecken – Empfinden und Denken.

Auch das Denken unterliegt dem Prozessor und seine Konditionierung.

Der Grundimpuls – Grundenergie – ist dem Menschen in die Wiege gelegt und stammt aus dem Verlangen. Verlangen nach Sauerstoff, Verlangen nach Nahrung, verlangen nach Schlaf, Verlangen nach Liebe, Wärme, Geborgenheit.

Durch sein Beobachten und Nachahmen entsteht im Laufe seines Lebens Begehren bis hin zur Begierde, daraus Hass und Verblendung.

Wer das erkennt, ist der bessere Kommunikator.

Der Mensch folgt beim Kommunizieren immer seinen Empfindungen. Wer es schafft den Empfindungen nahe zu kommen, der hat eine Chance auf eine erfolgreiche Kommunikation.

IV. Quartal Über den Verstand zur charismatischen Welt.

Erkenne hier den Unterschied von „Verstand“ zum „Mind“ und wie man zum charismatischen Menschen wird.

Was genau ist Verstand?

Der Verstand ist in der Philosophie das Vermögen, Begriffe zu bilden und diese zu Urteilen zu verbinden. Die heutige Verwendung des Begriffes wurde maßgeblich von Immanuel Kant geprägt, der dem Verstand häufig die Vernunft gegenüberstellt, ihn aber auch von der Wahrnehmung unterscheidet.

Der Begriff ist das Substantiv zu **„verstehen“** von althochdeutsch *„farstān“* mit der ursprünglichen Bedeutung *„davor stehen“* (wodurch man z.B. eine Sache genau wahrnehmen kann), was von Anfang an im übertragenen Sinn („begreifen“, „durchschauen“) gebraucht wurde.

Worin liegt der Unterschied von „Verstand“ zum „Mind“.

Unser **„Verstand“**, der **„Mind“** ist wie ein Biocomputer zu betrachten. Es ist das, was den Menschen vom Rest der Natur unterscheidet.

Das englische Wort *„mind“* ist auch hier zu Lande ein gängiger Begriff. Mind bezeichnet den ganzen Komplex des denkenden, fühlenden, wertenden Bewusstseins.

Er beinhaltet demnach weit mehr als die deutschen Begriffe Verstand, Denken oder Intellekt, da es auch die psychische Funktion des Fühlen und Empfindens mit einbezieht.

Beim Hinausgehen über den Verstand geht es nicht darum, die Fähigkeit zum Denken und die Tätigkeit des Verstandes schlechthin aufzugeben, sondern um die zur Gewohnheit gewordene Identifikation mit den Gedanken, Gefühlen und Empfindungen aufzulösen.

Im Verlauf meiner Kommunikation, auch im „bloggingbook“ benutze ich, je nach Zusammenhang, auch *„mind“*

- *Denken,*
- *Verstand,*
- *Psyche,*
- *Geist,*
- *Intellekt,*
- *Einstellung,*
- *Denkweise und*
- *Denkungsart.*

Damit erklärt sich "INSIGHT" mind focusing als den Blick auf das EINE in dem momentanen Augenblick des Menschen, durch Leichtigkeit, Absicht und Neutralität.

Das Erkennen, was genau in diesem Moment geschieht. Ohne zu werten, ohne zu beurteilen. Nur Zeuge sein, was geschieht.

Es ist die höchste Form der Aufmerksamkeit, Konzentration oder Wachsamkeit.

Es ist die Konzentration der momentanen Achtsamkeit.

Eine Gewohnheit, die durch Praktizieren JEDEN Menschen für JEDE Lebenslage zu JEDEM Zeitpunkt, als gewinnbringende Methode dient.

Durch das Aneignen dieser Gewohnheit, ist der Mensch in der Lage, seinen Verstand zur Entdeckung der Welt zu formen.

Die einzige Art, die Realität wirklich zu erkennen.

Alle Filter, die der Mensch aus den Quellen Eltern, Nachbarn, Verwandte, Gesellschaft, Schule, Universität und Kirche gesammelt hat, werden dadurch entstaubt.

Ein ruhiger Verstand ist ein entspannter Verstand.

Der Weg zu mehr Charisma = Lebensfreude.

Was die Welt Charisma nennt, ist nichts Besonderes. Es rührt von einem Verstand, der sich zu entspannen weiß und Energie gesammelt hat.

Wer lernen möchte, wie er mitten in der größten Aktivität, still und dabei innerlich total entspannt sein kann, für den bietet sich "Auszeit", mit dem "INSIGHT" mind focusing, an.

Dem modernen, von Stress und Gedanken geplagten Menschen, fällt es schwer, einfach nur still zu sitzen und zu sein.

Deshalb ist "Auszeit", die Aktivität in der Stille, um den Schatz in sich selbst zu entdecken.

Werde zum Meister der Intelligenz. Werde charismatisch, werde lebensfroh.

Ein Gleichnis als Kurzgeschichte von Osho.

Sie stellt dar, wie unser Verstand funktioniert, ohne dass es uns bewusst wird. „Der Lebensfreude Kurier“ ist nur der Überbringer.

Ein Bettler klopfte an das Tor des Palastes. Zufällig kam der König gerade heraus, um seinen Morgenspaziergang im Garten zu machen, und öffnete selbst das Tor. Der Bettler sagte: „Heute scheint ein guter Tag zu sein!“ Der König sagte für mich oder dich?“

Der Bettler sagte: “Das wird sich bis zum Ende des Tages entscheiden. Ich bin ein Bettler und habe nur eine Bitte: Hier, diese Bettelschale – kannst du sie mir füllen – mit was du willst?“

Der Bettler wirkte ein wenig sonderbar. Er hatte Augen wie ein Mystiker und redet gar nicht wie ein Bettler, sondern wie ein Kaiser. Seine ganze Aura strahlte große Autorität aus. Der König befahl seinem Premierminister, die Schale des Bettlers mit Goldmünzen zu füllen, damit sich dieser erinnern würde, dass er einen guten Tag gehabt und bei einem König angeklopft hatte. Der Bettler lachte. Der König fragte: „Was ist?“

Der Bettler sagte: „Bis zum Abend wird sich alles entscheiden.“ Sein Verhalten war sonderbar, aber auch faszinierend. Er war ein schöner Mensch.
Und dann nahm das Unglück seinen Lauf. Als der Premierminister einen Sack Goldmünzen brachte und die Schale damit füllen wollte, verschwand alles darin, doch die Schale blieb leer. Mehr und mehr Münzen …sämtliche Münzen aus der Schatzkammer wurden gebracht, und sie verschwanden alle. Da lief die ganze Stadt zusammen und die Neuigkeit verbreitete sich wie ein Lauffeuer.
Der König sagte: „Alles was du findest – Diamanten, Rubine, Smaragde - , bringe es, aber fülle dem Bettler seine Schale!“ Doch alles verschwand darin und die schale blieb genauso leer wie zuvor.

Schließlich hatte der König alles verloren. Es war Abend geworden. Den ganzen Tag über hatte es große Aufregung in der Hauptstadt gegeben. Der König war beharrlich geblieben, aber nun hatte es keinen Sinn mehr. Mehr besaß er nicht.
Er fiel dem Bettler zu Füßen und fragte ihn nach dem Geheimnis der Schale. „Ist das eine Zauberschale? Es ist nun Abend und du hast gesagt: „Bis zum Abend, bis zum Sonnenuntergang, wird sich alles entscheiden.“ Nun ist es so weit. Und in gewissem

Sinne hat es sich entschieden, denn ein Bettler hat mich besiegt. Aber du bist kein gewöhnlicher Bettler. Ich will nur noch eines wissen: „Was ist das Geheimnis dieser Bettelschale?“
Der Bettler sagte: „Es ist kein Geheimnis. Jeder weiß das. Sieh dir die Bettelschale nur etwas genauer an. Sie ist aus dem Schädel eines Menschen gemacht.“
Der König sagte. „Das verstehe ich nicht.“

Der Bettler sagte: „Niemand versteht es. Im Schädel des Menschen ist sein Verstand. Du schüttelst ununterbrochen alles hinein und alles verschwindet darin. Er verlangt ständig nach mehr und doch bleibt er immer leer. Er bleibt immer ein Bettler, daran kannst du nichts ändern. Du kannst er nur verstehen und loswerden.“

Soweit Osho “Das Buch vom Ego“

Das ist das ganze Geheimnis.

Ich habe 15 Jahre danach gesucht, bis es mir zugefallen ist. Bist du auch auf der Suche? Solange du auf den Verstand hörst, kannst du keine Befriedigung erlangen. Nur wenn du nicht auf den Verstand hörst, stell sich im selben Moment Zufriedenheit ein.
Du hast die Wahl: Du kannst das Unglück des Verstandes wählen – denn er ist immer unglücklich, er verlangt ständig nach mehr und dieses Verlangen ist unerschöpflich…..

Lebensfreude kommt dann zum Tragen, wenn der Verstand dein Diener wird und sich nicht mehr als Herr aufspielt.

Master Han Shan hat mich nach fast dreijährigem Praktizieren autorisiert, die von ihm entwickelte Methode „INSIGHT“ mindfocusing weitergeben zu dürfen. Herzlichen Dank!

Erläuterung

Was ist „INSIGHT“ mindfocusing?

„INSIGHT“ mind focusing ist ein Geistes-Training durch Achtsamkeit („mind“ umfasst lt. dem englisch/deutschen Wörterbuch außer dem Verstand auch den Geist, Gemüt, Psyche und Phantasie und beschreibt den Begriff genau).

Jeder Mensch ist eingebunden in sein Umfeld, konditioniert von seinem Gedankengut und mit all den Sorgen und Nöten, die unsere schnelllebige Zeit mit sich bringen. Die Methode der Achtsamkeit – das “INSIGHT“ mind focusing, wie Master Han Shan sie benannt hat –, ist für jeden im Alltag anwendbar und hilft, belastende Gedanken loszulassen und damit einen schnellen Zugang zu unseren inneren Ressourcen zu öffnen.

Worauf richtet sich die Achtsamkeit?

Die 4 wesentlichen Punkte:

1. Achtsame Menschen sind sich erstens ihres ganzen Körpers bewusst.

2. Bewusste Menschen kennen zweitens die Entstehung ihre Gefühl.

3. Sie nehmen drittens wahr, was ihnen bewusst und unbewusst durch den Kopf geht.

4. Viertens sind Sie sich auch ihrer Umwelt und ihrer Mitmenschen bewusst.

Wenn Sie sich angewöhnen, (zumindest in schwierigen Momenten) die Achtsamkeit nach innen zu lenken, so ist dies der erste Schritt zur Auflösung des Leidens.

- Es ist die Basis eines glücklichen und erfolgreichen Lebens.
- Es ist die Basis des betrieblichen Erfolgs.
- Es ist die Basis der inneren Zufriedenheit.
- Es ist die Basis des friedlichen sozialen Miteinanders.

Wo wirkt die Achtsamkeit?

Stress, Zeitnot, Wut, Ängste, Neid, Hass, Gier, sind nur einige der leidvollen Situationen, die häufig im täglichen Ablauf aus dem Unbewussten auftauchen. „INSIGTH" mind focusing ist das MIND-Training, das Ihnen die Möglichkeit bietet, mit Gedanken und Gefühlen umgehen zu können.

Es ist ein Praktizieren, das Ihren eigenen Überprüfungen unterliegt.

Durch das Praktizieren wird es zur Gewohnheit, Gedanken sorgfältig zu überprüfen und wenn nötig, in neutrales Empfinden zu wandeln.

Sie erkennen Gedanken, die ein MUSS oder SOLLTE beinhalten und die der Kern der Gier und Zeitnot sind. Beide machen die Entstehung von Leid erst ermöglicht.

Schlusswort

Ein Wunsch, der Luxus bedeutet?

Das Privileg des „MENSCH-SEIN“ – ein Luxus der besonderen Art, so sagt Werner Ablass, der Coach zum non-dualen Bewusstsein, ist etwas, was der Mensch nicht dringend benötigt, um zu überleben. Trotzdem leistet er sich ihn, wenn er ihn vital interessiert oder sein Leben angenehmer macht. Die absolute Wahrheit ist auch ein Luxusgut. Man braucht sie weder zum Leben noch zum Sterben. Was nach dem durcharbeiten dieses Bloggingbooks geschieht, weiß nicht einmal der, der dazu einlädt.

Ein Leben ohne Hektik und Stress, ist für viele Menschen kaum noch vorstellbar. Tabletten, Therapien und Coaching tragen zur vorübergehenden Erleichterungen bei, bringen jedoch keine dauerhafte befriedigende und befreiende Lösung. In regelmäßigen und unregelmäßigen Abständen kommen unerwünschte Emotionen, wie Wut, Ärger, Hass, Druck, Stress, Ängste, Unsicherheit, Neid und, wenn auch unterdrückt, Missgunst auf.

Erfahren Sie bei sich selbst, wie Sie die natürlichen Energiegesetze erleben. Erkennen Sie dabei, wie Ihr Leben und Ihr Handeln dadurch bestimmt werden und Sie jederzeit im Austausch mit dem Leben stehen. Bewusst oder unbewusst. Sie können die Welt nicht verändern, jedoch Ihre Einstellung.

Leer-Zeilen.

Es gibt gegenüber anderen Büchern viele mögliche Freiräume für Notizen. Freiräume auch für das Leben. Notieren Sie, wenn etwas nicht verstanden wurde, und irgendwann nachgeschlagen werden sollte. Jetzt notieren, sonst ist es vergessen. Möglichkeiten, den momentanen emotionalen Zustand zu notieren und zu einem späteren Zeitpunkt zu prüfen, ob es nochmals möglich ist, dieses Empfinden zu wiederholen. Zu notieren, wo weiteres tieferes Interesse besteht, und mehr Informationen oder Übungsmöglichkeiten bestehen.
Erst hier beginnen die Wirkungen und der zarte Wandel zu mehr Lebensfreude.
Bestimmt werden Sie sich fragen, ob es möglich ist, den ganzen Tag Lebensfreude zu genießen.

Ja es ist möglich, auch dann wenn für wenige ausgenblicke Zorn, Wut oder Ärger emporsteigt. Ein paar Sekunden später hat die Lebensfreude wieder die Oberhand.

Es ist einfach, wenn auch nicht leicht, weil dafür regelmäßige Zeit erforderlich ist! Das ist der Preis. Dahinter versteckt sich Ihr Gewinn.

Ich wünsche Ihnen dauerhafte Lebensfreude.

Zeichnungen:
Der Messezeichner - Thomas Alwin Müller
post@messezeichner.com
www.live-zeichnen.de

Foto:
Fotostudio Atelier 27 GmbH
info@atelier27.de
www.atelier27.de

Weitere umfangreiche Unterstützung gibt es unter
www.norbert-glaab.de

im
Lebensfreude-Blog aus dem dieses Buch entstanden ist
http://lebensfreude-blog.de/

und im
Erfolg und Ethik-Blog
http://innovation-neu-denken.de/

Printed by Books on Demand GmbH, Norderstedt / Germany